HIER+JETZT

Für Kurt Wonli als
Andenken an die
Freimaurerausstellung
in der Loge zur
Brudertreue mit den
besten Wünschen

Dominik Sauerländer

29. August 2011

Dominik Sauerländer

AARGAUER FREIMAURER

200 JAHRE LOGE ZUR BRUDERTREUE AARAU

2011 hier + jetzt, Verlag für Kultur und Geschichte, Baden

Inhalt

7 Vorwort

9 KURZE GESCHICHTE DER FREIMAUREREI

9 Geistige Wurzeln

11 Bruderschaften

11 Clubs

14 Gesellschaften

15 Die erste Grossloge: England 1717

15 Die Verfassung und die «Alten Pflichten» von 1723

17 Quellen der Symbolik: Klassisches Altertum und mittelalterliche Bauhütten

20 Logen als gesellschaftliches Forum der Aufklärung

24 Genf als Zentrum der frühen Schweizer Freimaurerei

25 Spaltung, Verfolgung und Akzeptanz – Freimaurerei im «langen 19. Jahrhundert»

28 Die Schweizer Freimaurer als Förderer des Liberalismus

31 Das Zeitalter der Katastrophen

34 Einigungsversuche und Spaltung

37 FREIMAUREREI HEUTE

37 Ziele und Prinzipien

38 Organisation

42 Freimaurerei und Religion

44 Die rituelle Arbeit

50 Zwischen Tradition und Öffnung

51	DIE LOGE ZUR BRUDERTREUE AARAU
51	**Dreimal drei Verpflichtungen**
52	**Die Gesellschaft für Vaterländische Kultur**
55	**Die Gründung der Loge zur Brudertreue**
59	**Streit um die Regularität**
62	**Öffentlich oder geheim?**
64	**Die «Brudertreue» – eine politisch engagierte Loge mit Ausstrahlung**
68	**Wachstum und Vernetzung**
71	**Soziales Engagement in Loge und Gesellschaft**
74	**Der Schwesternverein**
76	**Ein eigenes Haus**
78	**Der Safenwiler Kirchenstreit 1929**
79	**Fonjallaz-Initiative und Zweiter Weltkrieg**
83	**Bau des Wielandhauses 1961–1972**
87	**Die Loge öffnet sich**
88	**Erneuerung und Tradition**
	Anhang
91	Anmerkungen
93	Quellen und Literatur
94	Liste der Meister vom Stuhl
95	Bildnachweis

VORWORT

Liebe Leserin, lieber Leser

Im Jahr 1811 hat sich in Aarau eine Handvoll Männer zusammengefunden, um die Freimaurerei zu pflegen und um deren humanistisches Gedankengut in der Gesellschaft zu verbreiten. Heute darf die Freimaurerloge zur Brudertreue im Orient von Aarau ihr 200-jähriges Jubiläum feiern. Wir sind stolz auf die Geschichte unserer Loge und die Brüder, welche ihr in den vergangenen Jahrhunderten dienten und sie mit Weitsicht und Engagement zur Blüte brachten!

Männer verschiedener Herkunft, Religionszugehörigkeit und Berufe finden sich in unserer Loge zusammen und sind bestrebt, liberalen humanistischen Werten in ihrem Leben einen Platz einzuräumen. So vielseitig und farbig die Freimaurerei in ihren Facetten erscheint, so sind es auch ihre Mitglieder. Die Möglichkeit, im vertrauten Kreis unter Gleichgesinnten den Austausch zu pflegen, ist dabei im Lauf der Jahrzehnte wertvoll und verbindend geblieben. Die wöchentlichen Zusammenkünfte von Spätherbst bis Frühsommer bilden in der globalen, vernetzten und vom Wandel geprägten modernen Welt einen willkommenen Ruhepol, der die Arbeit am rauen Stein fördert.

Bis in unsere Tage ist die Freimaurerei im deutschsprachigen Raum ein diskreter Bund geblieben, der in der Stille wirkt. Dies bedeutet aber nicht, dass die «Brudertreue» das Licht scheut, und so laden wir Sie ein, mit dem Studium der vorliegenden Schrift unsere Loge und die Freimaurerei näher kennenzulernen. Wir wünschen Ihnen ein interessantes Lesevergnügen mit Aargauer Bezug!

Aarau, im Oktober 2010

Peter Lang
Meister vom Stuhl

P. S.: Gerne laden wir Sie auf unsere Website ein (www.brudertreue.ch). Dort finden Sie Links und Informationen zur Freimaurerei.

KURZE GESCHICHTE DER FREIMAUREREI

Geistige Wurzeln

«Die Ursprünge der Freimaurerei sind eines der grössten Rätsel der Geschichte», schreibt der britische Publizist und Freimaurer Kirk McNulty. Den Grund sieht er in der Vielzahl von Einflüssen, die in den Riten, Symbolen und Prinzipien der Freimaurerei sichtbar sind. Um jedes Element ranken sich Legenden und Geschichten, die nur schwer auf einen Nenner zu bringen sind.

Manche leiten die Ideen und Symbole der Freimaurerei aus den Mysterienkulten des ägyptischen und griechischen Altertums ab und sehen dort ihre Wurzeln. Andere führen sie auf die Baumeister des salomonischen Tempels zurück. Dritte stellen einen Zusammenhang mit dem 1118 zum Schutz der Pilger im Heiligen Land gegründeten Ritterorden der Templer her. Und wieder andere sehen in den Freimaurern eine Weiterentwicklung der Rosenkreuzerbewegung aus dem 17. Jahrhundert. Die gängigste Herleitung schliesslich ist diejenige aus den Bruderschaften der mittelalterlichen freien Bauhandwerker, die sich in ganz Europa im Umfeld des Kathedralbaus zusammenfanden und in England bereits im 17. Jahrhundert auch fachfremde Mitglieder aufnahmen. Was stimmt nun?

McNulty sieht die geistigen Wurzeln im Gedankengut der italienischen Renaissance. Es ist heute unbestritten, dass die italienische Renaissance nicht nur in der Malerei, der Architektur und in den Naturwissenschaften die Entwicklung hin zur Aufklärung einleitete, sondern auch im Geistesleben. In Italien entstanden noch im

1 Auf dieser Bronzetafel am Eingang der Loge zur Brudertreue in Aarau sind die wichtigsten Symbole der Freimaurerei abgebildet. Winkelmass und Zirkel symbolisieren Gerechtigkeit und Humanität. Der Buchstabe «G» steht für das göttliche Prinzip des «Baumeisters aller Welten». Die Kette versinnbildlicht die ewige und universelle brüderliche Verbundenheit der Freimaurer.

späten Mittelalter die ersten humanistischen Akademien. Und hier ist auch die freimaurerische Gedankenwelt anzusiedeln: in einer Verbindung von christlicher Tradition und aufklärerischer Erneuerung.[1]

Bruderschaften

Der französische Historiker Maurice Aymard stellt die Freimaurerei in Zusammenhang mit der Entstehung neuer gesellschaftlicher Verbände im 17. Jahrhundert. Diese sind für ihn Zeichen der Erneuerung und Institutionalisierung einer alten Familienkultur, die im 16. Jahrhundert allmählich zerfallen war. Im 17. Jahrhundert bestand die Familie nur noch aus der engeren Verwandtschaft, während zuvor auch nicht verwandte Freunde dazugehört hatten. In diese Lücke traten zunächst die Bruderschaften und ab dem 17. Jahrhundert die Clubs, Salons und Gesellschaften.[2]

Die Bruderschaften waren beruflich oder religiös begründete Zusammenschlüsse, oft auch beides zusammen. Zu ihnen gehörten die Bruderschaften der Steinmetze und Maurer. Als Fachleute für den Bau der grossen Kathedralen und weiterer repräsentativer Bauwerke kam ihnen eine besondere Bedeutung zu. Durch die Reformation und die verschlechterte wirtschaftliche Situation nach dem Hundertjährigen Krieg verloren sie aber ihre berufsständische Bedeutung und verschwanden. Da aber in England und Schottland diese Bruderschaften schon früh auch Nicht-Werkleuten offenstanden, konnten manche weiter existieren: als Vereinigungen auf ideeller Basis, mit neuen aufklärerischen Inhalten, die sie gesellschaftlich in die Nähe der Clubs brachten.[3]

Clubs

In England bestanden solche Clubs bereits im 15. Jahrhundert als freie Zusammenschlüsse Gleichgesinnter – über die Standesgrenzen hinweg. Im 17. Jahrhundert vermehrten sie sich unter dem Eindruck der Aufklärung rasch. Die frühe Verbreitung aufklärerischen Gedankenguts in England ist in den Umwälzungen der glorreichen Revolution von 1688/89 begründet. Die Gegner der absoluten Königsherrschaft setzten dabei das neue Modell der konstitutionellen Monarchie durch. Der königlichen Machtfülle waren durch Gesetze und Mitsprache des Stände-Parlaments nun klare Schranken gesetzt. Damit spielten die Standesunterschiede keine derart grosse Rolle mehr wie in den übrigen Monarchien Europas, denn die «Commons» besassen nun gleich viel Einfluss auf die Staatsführung wie die Adligen.

2 Steinmetze und Maurer beginnen um 1420 mit dem Bau des Berner Münsters. Darstellung aus der amtlichen Chronik des Diebold Schilling von 1478.
Im Vordergrund arbeitet ein Steinmetz mit dem typischen ledernen Schurz, auch sind die wichtigsten Berufswerkzeuge Hammer, Meissel und Winkelmass abgebildet. Die Freimaurerei sieht ihren Ursprung in den Bruderschaften der mittelalterlichen Bauhandwerker. Entsprechend prägen deren überlieferte Berufskleidung und ihre Werkzeuge bis heute die rituelle Arbeit in den Freimaurertempeln.

3 *Johann Wolfgang von Goethe (1749–1832)*

Als sensibler Vertreter humanistisch-aufklärerischen Gedankenguts war Goethe empfänglich für die Ideen der Freimaurerei. Auf seiner zweiten Schweizer Reise hielt er sich auch in Zürich auf, wo sein Jugendfreund Philipp Christoph Kayser soeben in eine Loge aufgenommen worden war. Nach seiner Rückkehr nach Weimar 1780 ersuchte Goethe um die Aufnahme in die dortige Loge «Amalia zu den drei Rosen».

Er tat dies aus dem Bedürfnis heraus, sich mit gleichgesinnten Männern auszutauschen, setzte sich aber auch persönlich intensiv mit freimaurerischem Gedankengut auseinander. In verschiedenen seiner literarischen Werke wird diese Auseinandersetzung sichtbar.

Schliesslich dürften aber auch gesellschaftliche Überlegungen Goethe zum Beitritt geführt haben. In Weimar wurde die Freimaurerei durch die Regentin Anna Amalia von Braunschweig aktiv gefördert. 1764 hatte sie die nach ihr benannte Loge gestiftet – es war eine der ersten in Deutschland. Anna Amalias Bruder, Herzog Ferdinand von Braunschweig, und ihr Onkel, Friedrich der Grosse, waren Freimaurer. In diesem Umfeld war es für den Geheimrat Goethe wohl beinahe Pflicht, sich früher oder später der Loge anzuschliessen.

Die Mitglieder der Clubs trafen sich in Gaststätten oder in den neu entstehenden Cafés. Clubs wurden zum Modell freundschaftlicher Geselligkeit, ohne die Verpflichtungen und Initiationsriten der Bruderschaften. Clubs waren Stätten des ungezwungenen Austauschs und der Freizeitbeschäftigung unter Männern. Frauen war – und bleibt bis heute – der Zutritt verwehrt. Dies im Gegensatz zu den Salons, die vor allem in Frankreich eine ähnliche Funktion wie die Clubs erfüllten und von einflussreichen aufgeklärten Adligen unterhalten wurden.[4]

Gesellschaften

Zu den Bruderschaften und Clubs kamen im 17. Jahrhundert die Gesellschaften oder Sozietäten hinzu, deren Anfänge ebenfalls in England zu finden sind. Sie gingen aus den Akademien hervor. Akademien hatten bereits im humanistischen Italien Künstler und Gelehrte vereinigt. Sie standen oft unter herrschaftlicher Kontrolle und widmeten sich dem Studium und der Verbreitung von Kunst und Wissenschaft. Der Übergang von den Akademien zu den Gesellschaften der Aufklärung begann wiederum in England. Auf Einladung des Parlaments sollte der Philosoph und Pädagoge Johann Amus Comenius 1641 den Plan für eine neue Gelehrtengesellschaft entwerfen, die humanitäres Gedankengut erforschen und weiterentwickeln sollte. Aus dem Plan wurde zunächst nichts, 1660 aber konnte in London die erste moderne wissenschaftliche Gesellschaft gegründet werden: die noch heute bestehende «Royal Society». Viele ihrer Mitglieder gehörten bereits einer Freimaurerbruderschaft an oder waren Mitglied der Rosenkreuzer.

In diesem Umfeld muss die Entstehung der spekulativen – also nicht mehr handwerklich geprägten – Freimaurerei gesehen werden: Von den Bruderschaften der Bauhandwerker entlehnte sie ihr Vokabular und den Ritus ihrer Tempelarbeit sowie die Grade und die Einführung neuer Mitglieder. Wie die Clubs trafen sich die Freimaurer in den Wirtshäusern und Cafés, und wie die Gesellschaften widmeten sie sich der Wissenschaft und der Gemeinnützigkeit, beachteten die Egalität aller Mitglieder, unabhängig von Stand, Herkunft und Glaube, und verweigerten den Frauen den Zutritt.

Als früheste bekannte Mitglieder einer spekulativen Loge gelten zwei englische Universalgelehrte. Robert Moray (1608–1673) trat am 20. Mai 1641 in die Loge «Mary's Chapel No. 1» in Edinburgh ein; Elias Ashmole (1617–1692) wurde am 16. Oktober 1646 in die Loge von Warrington (Lancashire) aufgenommen. Wie angesehen die Freimaurerei bereits damals war, zeigt die Aufnahme des berühmtesten englischen Architekten seiner Zeit, Christopher Wren (1632–1723). Das feierliche Ritual fand am 18. Mai 1691 in der von ihm erbauten St. Paul's Cathedral in London statt.[5]

Die erste Grossloge: England 1717

Die Freimaurer nannten ihre Vereinigungen Logen, abgeleitet aus dem englischen Wort «lodge», das einst die Werkhütte der Bauhandwerker bezeichnete. Die Loge ist aber bis heute nicht nur die Bezeichnung für eine Vereinigung von Freimaurern, sondern auch für den Ort, an dem sie sich treffen. Sind das heute oft eigene Gebäude, waren es im 17. und 18. Jahrhundert Gasthäuser und Cafés, die den Logen als Treffpunkte dienten.

Am 24. Juni 1717, dem Namenstag von Johannes dem Täufer, dem Schutzpatron der Steinmetze, schlossen sich vier Londoner Logen zu einer Grossloge zusammen. Diese erste Grossloge gilt als Ausgangspunkt der heutigen regulären Freimaurerei. Erstmals gaben sich die Freimaurer eine organisatorische Struktur. Von nun an musste sich jede neue Loge bei der Grossloge registrieren lassen, damit sie als regulär galt. Wer sich nicht daran hielt, wurde als irregulär betrachtet.

Die Freimaurerei breitete sich zunächst in England aus – und zwar bemerkenswert rasch: 1736 zeigt eine Darstellung der Grossloge bereits 132 Logen mit ihren Wappen. Darunter befinden sich fünf Logen ausserhalb Englands: in Gibraltar, Kalkutta, Hamburg, Boston und Valenciennes. Die auf der Tafel dargestellten Wappen der Logen sind nichts weiter als die Schilder der Wirtshäuser, in denen sie sich trafen. Im Vordergrund der grossen Wappentafel ist erstmals eine Versammlung von Freimaurern mit ihren charakteristischen Maurerschürzen dargestellt.

1721 übernahm der Herzog von Montagu den Vorsitz in der Grossloge. Damit wurde das öffentliche Bekenntnis zur Freimaurerei auch für Adlige möglich. Die Bewegung breitete sich bis zum Ende des 18. Jahrhunderts nach ganz Europa und in die englischen Kolonien aus.[6]

Die Verfassung und die «Alten Pflichten» von 1723

Im Auftrag der Grossloge schrieb James Anderson eine Verfassung, die für alle Logen verbindlich sein sollte. Sie wurde 1723 vom Grossmeister und von den Vertretern der bis dahin 20 angeschlossenen Logen genehmigt und veröffentlicht. Anderson

4　Grusskarte vom Sommerjohannisfest, die in den 1920er-Jahren für die Aarauer Loge zur Brudertreue gedruckt wurde. Die höchsten Feste der Freimaurerei sind die Johannisfeste zu den Namenstagen von Johannes dem Täufer (Sommerjohanni am 24. Juni) und Johannes dem Evangelisten (Winterjohanni am 27. Dezember). Jedes Fest besteht aus zwei Teilen: der rituellen Arbeit im Tempel und der Tafelloge, dem daran anschliessenden festlichen Bankett.

hatte für diese «Constitutions of the Free-Masons» verschiedene Bruderschaftsordnungen konsultiert und daraus eine Grundlage für die moderne Freimaurerei zusammengesetzt. Wichtigster Teil dieser Sammlung von Grundsätzen, Legenden und Ritualen sind die «Charges of a Free-Mason», die sogenannten «Alten Pflichten». Sie sind noch heute als Grundlage für anerkannte Logen des englischen Lehrsystems verpflichtend.

In den Alten Pflichten wird zunächst festgelegt, dass die Freimaurerei aus den Bruderschaften der Bauhandwerker hervorgegangen ist und dass sich deshalb alle Freimaurer als Brüder verstehen und sich auch so nennen. Mitglied kann nur werden, wer einen einwandfreien Leumund hat und einer Erwerbsarbeit nachgeht, von der er sich und seine Familie unterhalten kann. Zudem muss jeder Freimaurer die Gesetze seines Landes beachten und muss dort zum inneren Frieden aktiv beitragen.

Punkto Religion schreiben die Pflichten vor, dass ein Freimaurer «weder ein engstirniger Gottesleugner noch ein bindungsloser Freigeist»[7] sein solle. Faktisch bedeutete dies, dass die Konfession keine Rolle spielt, dass aber auch keine Atheisten aufgenommen werden. Ebenso wenig darf die politische Ausrichtung oder der Stand eine Rolle spielen. Die Logen waren also, wenn sie sich an diese Richtlinien hielten, konfessionell und politisch neutral. Sie standen damit Adligen wie Bürgern offen und nahmen in England und Frankreich von Anfang an auch Mitglieder jüdischen Glaubens auf. In Deutschland oder in der Schweiz öffneten sich die Logen erst Ende der 1840er-Jahre für Juden.[8]

Wichtig ist auch die Solidarität unter den Freimaurern einer Loge: Wer bedürftig ist, hat Anspruch auf Hilfe und Betreuung durch die anderen Brüder. Abschliessend hielten die Alten Pflichten fest, dass jede neue Loge ein Patent der Grossloge benötige, um regulär zu sein. Wichtig war dieser Passus deswegen, weil man den Zweck und die Form der Freimaurerarbeit gegen Missbrauch schützen wollte.[9] Trotzdem konnten die Alten Pflichten nicht verhindern, dass die Ausbreitung der Freimaurerei in andere Länder auch zu strukturellen Veränderungen und zu einer Aufspaltung des ursprünglichen Lehrsystems in verschiedene Richtungen führte.[10]

Quellen der Symbolik: Klassisches Altertum und mittelalterliche Bauhütten

In der Freimaurerei spielen Symbole eine entscheidende Rolle. In ihnen zeigen sich die verschiedenen Quellen, aus denen sich die Freimaurerei entwickelt hat. Das Ziel

5　Wirtshaus zur Gans und zum Bratrost in London. Im 17. und 18. Jahrhundert trafen sich Clubs, Gesellschaften und Freimaurerlogen in Gasthäusern und Cafés. Die erste Grossloge Englands wurde 1717 in dieser unscheinbaren Taverne in London gegründet.

6 Die Darstellung vereinigt die Wappen der Logen, die 1736 der Grossloge von London angehörten. Im Vordergrund ist eine Freimaurerversammlung abgebildet. Der Stuhl des Vorsitzenden ist mit verschiedenen maurerischen Symbolen geschmückt. Die Rückenlehne ist flankiert von zwei Säulen mit Sonne und Mond, auf der Lehne thront die Weltkugel als Symbol für die weltumspannende Kette der Freimaurer. Der Tisch hat die Form eines Winkelmasses. Vorbild dieser Radierung von David Herrliberger ist ein französischer Kupferstich von Louis Fabrice de Bourg.

der Freimaurerei ist die ideale Gesellschaft. Der Weg dahin führt über die Vervollkommnung jedes einzelnen Menschen. Bei den Freimaurern wird diese Vervollkommnung durch die drei Grade Lehrling, Geselle und Meister abgebildet, die jeder Bruder durchlaufen muss. Um Meister zu werden, muss jeder Freimaurer an sich arbeiten. Bei dieser Arbeit spielen die Materialien und Werkzeuge der Steinmetze und Maurer eine symbolische Rolle: unbehauener und behauener Stein, Hammer, Meissel, Massstab, Wasserwaage, Senkblei, Winkelmass, Reissbrett, Zirkel und Richtschnur. Das Ritual der Erhebung in den jeweils nächsten Grad ist ebenfalls den Handwerksbräuchen der alten Bruderschaften nachempfunden.

In jeder Loge ist ein separater Raum für die rituelle Arbeit vorhanden: der Tempel. Er ist Arbeitsort und zugleich Symbol der humanistischen, ethischen Gesellschaft, dem eigentlichen Ziel der freimaurerischen Bestrebungen. Gleichzeitig ist er aber auch die Nachbildung des salomonischen Tempels in Jerusalem. Weil in der Bibel relativ detaillierte Angaben zum Tempel zu finden sind, diente er bei zahlreichen Kirchenbauten als Vorbild. Damit bildet das Symbol des Tempels nicht nur eine Verbindung zur antiken Philosophie, Geometrie und Baukunst, sondern auch zu Judentum, Christentum und Islam.

Logen als gesellschaftliches Forum der Aufklärung

Neben den verschiedenen anderen Gesellschaften und Clubs spielte auch die Freimaurerei im Prozess der Aufklärung eine wichtige Rolle. Ihre Mitglieder verstanden sich als Brüder, die sich unabhängig von Stand, Nation und Religion zusammenfanden, um gemeinsam an einer neuen, humanistischen Gesellschaft zu arbeiten. Die Logen funktionierten nach den Prinzipien der idealen Staatsidee von Rousseau: Jedes Mitglied hatte eine Stimme, und alle Beschlüsse und Wahlen wurden nach dem Mehrheitsprinzip entschieden. Damit waren die Freimaurerlogen das Vorbild für die späteren, republikanischen Verwaltungssysteme.

Gegner des Absolutismus aus Adel und Bürgertum versuchten im 18. Jahrhundert, in den aufklärerischen Gesellschaften nicht nur über Kunst, Philosophie und Naturwissenschaften zu diskutieren, sondern hier auch Politik zu betreiben. Alle diese Versuche wurden vom absolutistischen Staat verboten. Die einzige Institution, die hier einen geschützten Raum bot, war die Freimaurerei. Ihre Logen waren grundsätzlich unpolitisch und staatstragend, boten aber gleichzeitig einen von der

7   Ausschnitt aus dem Zifferblatt einer Standuhr (vgl. Abb. 10), die wohl aus einer schottischen Freimaurerloge stammt. Ein Freimaurer steht in zeremonieller Kleidung mit Maurerschurz im Tempel seiner Loge. In der linken Hand hält er die Bibel, das Sinnbild heiliger Gesetze. In der rechten Hand führt er einen Stab mit Winkelmass und Zirkel.

8 Die «Boston Tea Party» in einer Darstellung von 1846. Als Indianer verkleidete Kolonisten warfen 1773 im Hafen von Boston Kisten mit Tee über Bord, um gegen die englische Importsteuer zu protestieren. Dieses Ereignis gilt als Ausgangspunkt der amerikanischen Revolution. An seiner Vorbereitung waren zahlreiche Freimaurer beteiligt. Überhaupt unterstützte eine Mehrheit der amerikanischen Logen die Unabhängigkeitsbewegung. Deswegen ist die Freimaurerei in den USA bis heute verbreiteter und populärer als in Europa.

9 *Wolfgang Amadeus Mozart (1756–1791)*

Zahlreiche Komponisten waren Freimaurer. Der berühmteste ist zweifelsohne Wolfgang Amadeus Mozart. Er wurde 1784 in die Wiener Loge zur Wohltätigkeit aufgenommen. Im Kreis der Freimaurer erhielt er Anregungen zum Stoff der berühmten Oper «Die Zauberflöte». Auch Emanuel Schikaneder, der das Libretto schrieb, war Freimaurer. Sowohl in der «Zauberflöte» wie in der Oper «Le nozze di Figaro» steckt eine gehörige Portion Kritik an der starren adligen Herrschaft und der immer noch vom Standesdenken durchdrungenen Gesellschaft. Damit wird klar, dass Mozarts Mitgliedschaft in einer Freimaurerloge auch gesellschaftspolitische Motive hatte.

Daneben komponierte Mozart eine Reihe von Musikstücken, die beim freimaurerischen Ritual zur Anwendung kamen. Dies weist auf die wichtige Rolle der Musik in der damaligen Tempelarbeit hin. Gemeinsamer Gesang war weit verbreitet. Auch heute noch begleitet Musik die Tempelarbeit, manchmal live, manchmal auch ab Tonträger.[11]

Herrschaft nicht kontrollierbaren Freiraum, den ihre Mitglieder nutzen konnten. Sie wurden damit zu einer «indirekten Gewalt im absolutistischen Staat» (Reinhart Koselleck). Eine wichtige Rolle spielte dabei, dass sich in den Logen Bürger und Adel trafen, die eines gemeinsam hatten: ihre politische Unmündigkeit im absolutistischen Staat. In den Logen konnten sie nun Zusammengehörigkeit und konkrete Zusammenarbeit über Standesgrenzen hinweg erfahren und erproben. Damit wurden die Logen zur Experimentierfeldern neuer Gesellschaftsmodelle. «Diese Freiheit vom Staat war wohl das eigentlich Politische in der Freimaurerei», schreibt der Historiker Helmut Reinalter.[12]

Es war allerdings absehbar, dass eine strikte Trennung zwischen Freimaurerei einerseits und Kirche und Staat andererseits nicht durchsetzbar war. Viele Logenmitglieder liessen freimaurerisches Gedankengut in ihre Arbeit und gesellschaftliche Tätigkeit einfliessen und wurden damit Teil einer aufgeklärten und teilweise auch revolutionär gesinnten Elite – vor allem in den englischen Kolonien in Nordamerika. Hier hatten Mitglieder der «St. Andrew's Lodge» in Boston führend an der «Boston Tea Party» mitgewirkt, die massgebend war für die amerikanische Unabhängigkeitsbewegung.

Genf als Zentrum der frühen Schweizer Freimaurerei

Auch in der Schweiz schlossen sich aufgeklärte Bürger zu Gesellschaften und Zirkeln zusammen. Im 18. Jahrhundert entstanden weit über 100 solche Sozietäten. Die wichtigste und einzige überregionale Sozietät war die «Helvetische Gesellschaft». Sie brachte Vertreter der politischen und geistigen Elite aus den verschiedenen Orten der Eidgenossenschaft miteinander in Kontakt. Ende des 18. Jahrhunderts nahmen rund 200 Mitglieder an den regelmässigen Treffen teil.

Zu den Sozietäten zählten auch die Freimaurerlogen. Die frühesten Logengründungen in der Schweiz fanden in der Westschweiz statt. 1736 rief der schottische Freimaurer Georges Hamilton in Genf die erste Schweizer Loge ins Leben. Im Staat Bern entstand die erste Loge 1739/40 in Lausanne. In der Folge bildeten sich weitere Zusammenschlüsse im westlichen Teil Berns und auch in Fribourg. 1740 erhielt Neuenburg eine erste Loge. In der Deutschschweiz entstanden in Bern und in Zürich Freimaurerlogen. Ihre Gründer waren Offiziere in französischen Diensten.

Die patrizischen Regimes in Genf und in Bern verboten die Freimaurerei umgehend, aber letztlich erfolglos. 1773 bestanden in Genf unter dem Dach der «Grande Loge de Genève» nicht weniger als 21 Logen. Eine exterritoriale Genfer Loge befand sich zudem in Zürich. 1801 zählte Genf bei einer Gesamtbevölkerung von 25 000 Einwohnern rund 200 Freimaurer, die sich auf 18 Logen verteilten.

Man darf also Genf als das Zentrum der Schweizer Freimaurerei im Zeitalter der Aufklärung betrachten. Doch nicht nur das: Genf gilt aus heutiger Sicht als Laboratorium für die Ideen der Französischen Revolution, ähnlich wie die Vereinigten Staaten und die Niederlande. Tatsächlich war das 18. Jahrhundert in Genf eine Epoche der sozialen und politischen Dynamik. Dies hatte mit der ausgeprägten wirtschaftlichen und politischen Schichtung der Bevölkerung Genfs zu tun, die ständig zu Spannungen führte – und zur Notwendigkeit, neue politische und gesellschaftliche Modelle zu diskutieren. Wie überall im Europa des 18. Jahrhunderts bildeten auch hier die Logen ein Diskussionsforum für neue Ideen im Sinn der Aufklärung. Die hohe Zahl der Logen hängt sicher mit dieser besonderen Situation der Stadtrepublik zusammen.

Die Bedeutung der militärischen Logen in Frankreich kann für die Schweizer Freimaurerei des 18. Jahrhunderts nicht genug betont werden. Sie hatten zahlreiche Schweizer Offiziere in französischen Diensten aufgenommen, die in der Folge den Gedanken der Freimaurerei in die Schweiz importierten und hier eigene Logen gründeten. Charakteristisch für die Schweizer Freimaurerei in der Aufklärung waren generell die engen Verbindungen zu ausländischen Logen, neben französischen auch zu englischen oder preussischen.[13]

Spaltung, Verfolgung und Akzeptanz – das «lange 19. Jahrhundert»

Das «lange 19. Jahrhundert» gilt heute als Bezeichnung für die Epoche des politischen und wirtschaftlichen Aufstiegs von Bürgertum und Liberalismus zwischen der Französischen Revolution 1789 und dem Ausbruch des ersten Weltkrieges 1914. Sie brachte, politisch gesehen, die Emanzipation des Bürgertums von der Adelsherrschaft und die Etablierung der heutigen Nationalstaaten. Wirtschaftlich ging diese Emanzipation mit der industriellen Revolution einher, die eine Zeit beschleunigten Wachstums, technologischen Wandels und tiefgreifender sozialer Veränderung brachte. Freimaurer waren an all diesen Prozessen beteiligt.

10 Zifferblatt einer Standuhr aus dem frühen 19. Jahrhundert. Der untere Teil ist mit Darstellungen schottischer Freiheitshelden geschmückt. Der obere Teil zeigt Symbole der Freimaurerei. Hier verbinden sich schottischer Patriotismus und freimaurerische Weltläufigkeit symbolisch zu einer Einheit.

Durch ihre moralischen Zielsetzungen und Ideale nahm die Freimaurerei indirekt Einfluss auf das politische Leben. Bis Ende des 18. Jahrhunderts hatten sich in den meisten europäischen Ländern Freimaurervereinigungen gebildet, die sich nach englischem Vorbild in Logen und Grosslogen organisierten. Die Freimaurerei war zu einer länderübergreifenden Organisation geworden, deren Mitglieder einer aufklärerischen und egalitären Geisteshaltung verpflichtet waren. Damit weckten sie – nach anfänglicher Duldung oder sogar Förderung – den Argwohn mancher Regenten, erst recht nach der Französischen Revolution. 1795 verbot der österreichische Kaiser Franz II. alle Freimaurerlogen und Geheimgesellschaften, 1798 folgte ihm der preussische König Friedrich Wilhelm III.[14]

In Frankreich war 1771 die Grossloge «Grand Orient de France» entstanden. Sie versteht sich bis heute als politische Vereinigung, die den Grundsätzen des Liberalismus verpflichtet ist und sich auch öffentlich engagiert. Zudem strich die Grossloge 1877 die Formel vom «allmächtigen Baumeister aller Welten», da sie darin einen Widerspruch zum Toleranzgedanken sah. Daraufhin brach die englische Grossloge die Kontakte zum «Grand Orient» ab. Die Freimaurerei hatte sich damit in eine traditionelle englische und in eine liberale französische Linie aufgeteilt, die heute in verschiedenen Ländern nebeneinander existieren. Dazu kam eine dritte Lehrart, der schwedische Ritus, der bis heute in den skandinavischen Ländern dominiert.

Die katholische Kirche lehnte die Freimaurerei ab. Papst Clemens XII. verurteilte sie erstmals 1738, seine Nachfolger blieben bis 1983 dabei. Als Hauptgründe galten die Geheimhaltung der Riten und die religiöse Toleranz, die mit dem Universalitätsanspruch des Katholizismus nicht vereinbar war. Aber auch in manchen reformierten Gebieten wurde die Freimaurerei verboten. Die erste Hälfte des 19. Jahrhunderts war deshalb für die Logen in verschiedenen Ländern eine schwierige Zeit, in der sie sich oft nur verdeckt treffen konnten. Dennoch: Ihre Aufgeschlossenheit für den gesellschaftlichen und politischen Fortschritt veranlasste viele Freimaurer in Deutschland, Italien und auch in der Schweiz, sich für die Bildung von demokratischen Nationalstaaten einzusetzen. Bemerkenswert ist der Beitrag von Freimaurern zur Entstehung des Schweizer Bundesstaates.

Die Schweizer Freimaurer als Förderer des Liberalismus

1798 brach die alte Eidgenossenschaft aufgrund innerer Zerrissenheit und äusserem Druck auseinander und wurde nach der Niederlage Berns durch Frankreich militärisch besetzt. Aus dem alten lockeren Staatenbund entstand im selben Jahr ein moderner Zentralstaat mit einer aufklärerischen Verfassung. Unter den Gründern und Exponenten der neuen Republik fanden sich zahlreiche Freimaurer: Frédéric-César de La Harpe, Peter Ochs, Pierre-Maurice Glayre, Gabriel-Antoine Miéville oder Heinrich Zschokke. Vor allem Peter Ochs, der die neue helvetische Verfassung im Geiste der Aufklärung entwarf, hatte grossen Einfluss.

1803 ging das Experiment der Helvetischen Republik zu Ende. Es entstand wieder ein lockerer Staatenbund. Die modernen Ideen gingen jedoch in den folgenden Jahrzehnten der Restauration nicht verloren. Sie fanden Anhänger in den Reihen der Liberalen und der Radikalen. Diese versuchten, den wesentlichen Errungenschaften der helvetischen Revolution, dem demokratischen und liberalen Nationalstaat, zum Durchbruch zu verhelfen. Sie vermochten sich in den 1840er-Jahren in einer Mehrheit der Kantone durchzusetzen. Auf der Gegenseite standen die Konservativen, die eine nationalstaatliche Einigung ablehnten. 1847 brachen die Feindseligkeiten zwischen den liberalen und konservativen Kantonen im Sonderbundskrieg offen aus. Der Krieg endete mit dem Sieg der liberalen Kantone, die 1848 den bis heute existierenden Bundesstaat gegen den Willen der Besiegten durchsetzten.

Freimaurer engagierten sich vor allem auf der Seite der Liberalen: der Schriftsteller, Publizist und Politiker Heinrich Zschokke, der Verleger Heinrich Remigius Sauerländer, die späteren Bundesräte Henri Druey und Jonas Furrer, der Jurist und Hochschulprofessor Johann Caspar Bluntschli und der Philosoph und Politiker Ignaz Paul Vital Troxler, der mit seiner Idee des Zweikammersystems die Bundesverfassung von 1848 überhaupt erst ermöglichte – um nur einige Namen zu nennen. Vor allem Troxlers Beitrag kann nicht hoch genug eingeschätzt werden. Das Zweikammersystem nach amerikanischem Vorbild sicherte den unterlegenen Sonderbundskantonen eine aktive Rolle in der Bundespolitik.[15]

Wenige Jahre vor dem Zusammenschluss der Kantone zu einem neuen Bundesstaat verbanden sich verschiedene Schweizer Logen in der Grossloge Alpina, darunter auch die Aarauer Loge zur Brudertreue. Die Initiative ging von der Berner Loge zur Hoffnung aus, die bereits 1822 die «Grande Loge Suisse» ins Leben gerufen

11 Meisterpatent der «Brudertreue» für Heinrich Steiner 1859. Die Schweizer Grossloge Alpina garantierte die Regularität der ihr angeschlossenen Logen gegenüber der Grossloge in England. Die Ausstellung von Logenpässen erfolgte in ihrem Namen, wie dieses Patent zeigt. Mit dieser Urkunde versehen, fand Heinrich Steiner jederzeit bei anderen Logen im In- und Ausland Aufnahme.

12 *Jonas Furrer (1805–1861)*

Jonas Furrer war als Mitglied der Winterthurer Loge Akazia der erste Freimaurer im Schweizer Bundesrat. Als einer der Anführer des Schweizer Liberalismus in der Umbruchzeit der 1840er-Jahre ist er ein typischer Vertreter der politisch engagierten liberalen Freimaurerei in der Schweiz. Er zählt zu den wichtigsten Leitfiguren des jungen Schweizer Bundesstaates.

Furrer kämpfte 1834 bis 1839 in Zürich als Oppositionsführer gegen die konservative Regierung von Johann Caspar Bluntschli, der ebenfalls Freimaurer war und zu den Gründervätern der Grossloge Alpina gehörte. 1845 errangen die Liberalen die Mehrheit in der Zürcher Regierung, und Furrer wurde Regierungsrat und Tagsatzungsgesandter. 1847 bemühte er sich als Mitglied einer speziellen Tagsatzungskommission vergeblich um die friedliche Beilegung des Sonderbundskonflikts. 1848 wählte ihn das Zürcher Volk in den Ständerat.

Aufgrund seiner grossen Verdienste bei der Ausarbeitung der neuen Bundesverfassung bestimmte ihn die Bundesversammlung zum ersten Bundespräsidenten der Schweiz. Im Bundesrat (1848–1861) bewährte er sich als ausgleichender und diplomatischer Politiker. Er war Gesandter im Neuenburgerkonflikt und bewahrte die Schweiz 1856 vor einem Krieg mit Preussen, 1860 verhinderte er eine militärische Besetzung Hochsavoyens. Als Justizminister konnte er fortschrittliche Gesetze zur Anerkennung konfessionell gemischter Ehen und zur Regelung der Heimatlosenfrage einführen.[16]

hatte. Dieser hatten sich aber nur wenige Logen angeschlossen, sodass ein Neuanfang ins Auge gefasst wurde. Wie der Schweizer Bundesstaat brauchte auch die Vereinigung der Schweizer Logen Zeit und war über Jahre hinweg Gegenstand hitziger Diskussionen. Im Juni 1843 konnte aber in Aarau der Entwurf für eine Verfassung verabschiedet werden, und ein Jahr später gründeten die Gesandten von 17 Logen in Zürich die neue Grossloge Alpina.

Die «Alpina» vertrat in der Öffentlichkeit immer wieder die Anliegen der Freimaurerei. So publizierte das Direktorium nach Ausbruch des Deutsch-Französischen Krieges 1870 ein dreiseitiges «Manifest an die Völker», welches «im Namen der Menschlichkeit gegen den Krieg im allgemeinen und besonders gegen diesen Krieg» protestierte. In deutlichen Worten beschuldigte das Direktorium die politischen Führer der kriegführenden Nationen, ihre Bevölkerung «der Niedermetzelung zu überliefern». In Deutschland stiess dieses Manifest auf heftige Ablehnung.

In den Jahren des Kulturkampfes in der Schweiz gerieten die Freimaurer in den Fokus der Konservativen. Was die Liberalen in den 1830er-Jahren den Jesuiten vorgeworfen hatten, mussten nun die Freimaurer von den Konservativen einstecken: den Vorwurf, einer geheimen Verschwörung, ja einer verbrecherischen Sekte anzugehören. Darauf reagierte die Grossloge 1873 mit dem Druck einer zweisprachigen Broschüre, in der sie die freimaurerischen Positionen erklärte und sich gegen den Vorwurf der Gottlosigkeit und Verschwörung verwahrte.[17]

In den letzten Jahren des 19. Jahrhunderts entwickelte sich die Freimaurerei in der Schweiz erfreulich. Zwischen 1890 und 1910 stieg die Mitgliederzahl um fast 80 Prozent auf über 4000 an. Zahlreiche Logen wurden neu gegründet, einzelne auch in katholischen Gebieten, darunter 1904 die Luzerner Loge Fiat Lux, eine Tochterloge der Aarauer «Brudertreue».

Das Zeitalter der Katastrophen

Der englische Historiker Eric Hobsbawm nannte die Zeit zwischen 1914 und 1945 erstmals «das Zeitalter der Katastrophen», und rasch hat sich diese Bezeichnung für die 31 Jahre dauernde Abfolge von Krieg, Massenelend und Völkermord eingebürgert. Auch für die Freimaurerei waren diese Jahrzehnte eine schwierige Zeit. Der Nationalismus im Vorfeld und während des Ersten Weltkrieges machte auch vor den Logentüren nicht Halt. Die Freimaurer folgten den nationalistischen Parolen ihrer Länder. Die ausländischen Logen akzeptierten die neutrale Haltung der Schweizer

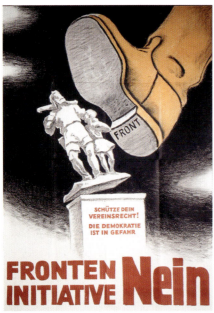

13, 14 Die beiden Plakate für und gegen die Fonjallaz-Initiative waren sich sehr ähnlich. Die Befürworter stellten einen vermummten Freimaurer auf einem Geldschrank dar und wiesen so auf die ihrer Meinung nach grosse wirtschaftliche Macht der Freimaurerei hin. Die Gegner der Initiative stellten den Erhalt der demokratischen Grundrechte in den Mittelpunkt, zu dem auch die Vereinsfreiheit gehört.

Logen nicht und brachen teilweise die Verbindungen ab. Auch in der Schweiz öffnete sich eine Kluft zwischen deutschfreundlichen und frankophilen Logen.

Nach dem Ersten Weltkrieg verstärkten sich die Angriffe auf die Freimaurer in Deutschland. Rechtsnationale Kreise um Erich Ludendorff machten die Logen für die deutsche Niederlage verantwortlich, Alfred Rosenberg agitierte erfolgreich gegen die Freimaurer, die er zusammen mit den Juden der Weltverschwörung bezichtigte. Die Nationalsozialisten betrachteten die Freimaurerei als direkten politischen und ideologischen Gegner und verboten 1935 alle freimaurerischen Verbindungen. Das Vermögen der Logen fiel an den Staat.

Auch in der Schweiz nahmen Antisemitismus und Antiliberalismus stark zu. Zahlreiche faschistische Parteien – die sogenannten «Fronten» – kamen bei den Wahlen auf respektable Stimmenanteile. Es war die Zeit des «Frontenfrühlings». Die Fronten strebten ein Verbot der Freimaurerei an. Ihre konkreten Vorwürfe unterschieden sich kaum von denjenigen im totalitären Ausland: Vetternwirtschaft, Vaterlandslosigkeit, Bolschewismus und Atheismus. In der breiten Bevölkerung stiessen solche Anwürfe nicht nur auf Ablehnung – man wusste wenig über die Freimaurerei und verdächtigte ihre Mitglieder pauschal, geheime Drahtzieher in Politik und Wirtschaft zu sein. Auch in der Schweiz dienten sie, wie die Juden, als Sündenböcke in der Krise der 1930er-Jahre.

Wirft man einen Blick in die Mitgliederlisten, die von der Grossloge Alpina herausgegeben werden, so relativiert sich allerdings das Bild der «Strippenzieher». 1937 zählte die Grossloge 4000 Mitglieder. Gegenüber rund 1,2 Millionen Stimmberechtigten und 1,3 Millionen Berufstätigen in der Schweiz dieser Jahre nimmt sich die Zahl doch bescheiden aus. Auch die soziale Zusammensetzung liefert kaum Argumente für Strippenzieherei und Vetternwirtschaft und schon gar nicht für Bolschewismus. Die Logen repräsentierten den bürgerlichen Mittelstand. Fast 70 Prozent gehörten dem oberen Mittelstand an, der Rest zählte zum unteren Mittelstand. Arbeiter waren kaum vertreten. In der Bundesverwaltung und in den Regiebetrieben zählte man nur 20 Freimaurer als höhere Beamte. Im Bundesrat sass gar kein Freimaurer, und auch das Bundesparlament zählte nur wenige Logenbrüder.[18]

Im April 1934 lancierte der Waadtländer Arthur Fonjallaz, Oberst und Führer einer rechtsextremen Front, zudem Bewunderer Mussolinis, eine Initiative zur Abschaffung der Freimaurerei und ähnlicher Organisationen in der Schweiz. Trotz massiver Propaganda von Seiten der Frontenbewegung kam die Initiative nur knapp zustande. Die Unterschriften mussten mithilfe bezahlter Sammler zusammengetragen werden. Zudem hatten die Initianten im Vorfeld der Abstimmung Gelder für den bevorstehenden Abstimmungskampf aus Deutschland und Italien bekommen, was in der Öffentlichkeit schlecht ankam. Der Bundesrat und beide Kammern des Parlaments lehnten die Initiative klar ab, da sie sowohl die Meinungsfreiheit wie auch die Vereinsfreiheit verletzte.

Die Grossloge Alpina koordinierte zusammen mit befreundeten Organisationen die Abstimmungsaktivitäten der Freimaurer. Dabei kam es zu einer bemerkenswerten Abkehr von der bisherigen zurückhaltenden Informationspolitik der Logen: Viele Freimaurer bekannten sich nun offen zu ihrer Mitgliedschaft und vertraten ihre Sache auch an den Versammlungen des Initiativkomitees – was angesichts der gehässigen Stimmung keine einfache Sache war. Die Volksabstimmung fand am 28. November 1937 statt. Das Begehren wurde mit beinahe 70 Prozent Nein-Stimmen deutlich abgelehnt. Der engagierte Abstimmungskampf hatte sich gelohnt. Zudem war die lange Dauer zwischen Eingabe der Initiative und Urnengang von Vorteil: Die Frontenbewegung war bereits am Abklingen.

Trotzdem verloren die Logen bis nach dem Zweiten Weltkrieg rund die Hälfte ihrer Mitglieder. Die Zahl der Freimaurer sank von 5000 auf etwa 2500. Viele Freimaurer waren bereits in den frühen 1930er-Jahren aus den Logen ausgetreten, weil sie um ihr berufliches und persönliches Wohlergehen fürchten mussten. Dies war das Resultat eines enormen Drucks von Seiten der Frontenbewegung, die auch vor tätlichen Angriffen und Bespitzelung nicht zurückschreckte. Zudem mussten die Schweizer Freimaurer dieselbe Erfahrung machen wie die Schweizer Juden: Die Öffentlichkeit solidarisierte sich nicht mit ihnen, sondern lehnte vielmehr ihre Gegner und deren Ziele ab – «Nicht für die Freimaurer, sondern für die Freiheit setzen wir uns ein», brachte eine Arbeiterzeitung diese Haltung auf den Punkt.[19] Unter diesen Umständen konnten die zahlreichen Austritte nicht durch die wenigen Neueintritte kompensiert werden. Von diesem Aderlass erholten sich die Logen erst wieder in den 1970er-Jahren. Seit den 1990er-Jahren nimmt die Zahl der Mitglieder wieder verstärkt zu, ohne aber das Vorkriegsniveau zu erreichen.[20]

Einigungsversuche und Spaltung

In den vom Totalitarismus befreiten Ländern Europas mussten sich die Grosslogen neu formieren. Erneut flammte nun der Gegensatz zwischen der traditionellen eng-

15 *Winston Churchill (1874–1965), hier zusammen mit dem amerikanischen Finanzier Bernard Baruch in dessen Wagen*

Kein anderer Freimaurer hatte in seinem Leben mehr Gelegenheit, freimaurerische Prinzipien umzusetzen und vorzuleben als Winston Churchill. Während Hitler als Hauptschuldiger für die deutsche Diktatur, den Holocaust und den Zweiten Weltkrieg gilt, sehen die meisten Historiker Churchills epochale Leistung darin, Hitlers Sieg verhindert zu haben.

Churchill ist politisch schwer einzuordnen. Oft genug zweifelte er selbst am richtigen politischen Weg. Er war als Spross einer Adelsfamilie in ein britisches Weltreich hineingeboren worden, dessen Selbstverständnis ihn sein Leben lang prägte. Er war ein Konservativer, ein klarer Verfechter des britischen Imperialismus, ein Gegner politischer Neuerungen wie des Frauenstimmrechts und ein Antikommunist. Gleichzeitig sah er im Kampf gegen den totalitären und gewalttätigen Nationalsozialismus nicht nur eine Schicksalsfrage für Grossbritannien, sondern für die ganze Menschheit. Dies dürfte der Grund für seine Unbeugsamkeit auch in der hoffnungslosen Lage 1940 gewesen sein.

lischen und der liberalen französischen Freimaurerei auf – verstärkt durch unterschiedliche politische Haltungen während des Krieges, die man einander nun vorhielt. Dieser Gegensatz traf die Schweizer Freimaurer empfindlich.

Die Anhänger der französischen Richtung hatten hier bereits vor dem Ersten Weltkrieg das «Bureau international des relations maçonniques» unter der Leitung des ehemaligen Neuenburger Regierungsrates Edouard Quartier-la-Tente gegründet. 1921 wurde daraus die «Association maçonnique internationale (AMI)». 1923 vereinigte die AMI 500 000 Mitglieder aus 38 nationalen Tochterlogen. Weil sie in der Gefolgschaft des «Grand Orient de France» dessen liberale Richtung vertrat, wurde sie von der englischen Freimaurerei abgelehnt.

Die Schweizer Grossloge Alpina versuchte 1949, diesen Gegensatz durch die Ausarbeitung der «fünf Punkte von Winterthur» zu überwinden. Man einigte sich darin, dass die Grossloge einen «Allmächtigen Baumeister aller Welten» anerkennt und die Bibel während der Tempelarbeit aufliegen soll. Weiter erklärte die Loge ihre Treue gegenüber dem Vaterland und hielt gleichzeitig fest, dass sich Logen nicht in politische und religiöse Streitfragen einmischen dürften. Schliesslich hielt man nochmals fest, dass sich die «Alpina» an die «Alten Pflichten» gebunden fühle. Als einziges Entgegenkommen gegenüber der französischen Richtung enthielt das Grundsatzpapier den Zusatz, dass verschiedene Meinungen über politische und religiöse Fragen jederzeit diskutiert werden könnten, dass es diesbezüglich aber zu keinen Abstimmungen und Beschlüssen kommen dürfe.

Ungeachtet dieses Grundsatzpapiers musste sich die Grossloge Alpina entscheiden: Wollte sie von der englischen Grossloge als regulär anerkannt bleiben, so musste die AMI aufgelöst werden. Dieser Schritt wurde 1950 vollzogen. Zudem musste die «Alpina» auf Druck Englands 1966 alle Beziehungen zur Grossloge «Grand Orient de France» abbrechen.

In den Logen der Westschweiz stiess diese Entwicklung auf Ablehnung. Es kam zu zahlreichen Austritten und 1967 zur Schaffung der Grossloge der Schweiz, die seit 1996 den Titel «Grossorient der Schweiz» trägt. Damit ist die Schweizer Freimaurerei in eine traditionelle und eine liberale Richtung geteilt. Der traditionellen englischen Freimaurerei, vertreten durch die Grossloge Alpina, gehören heute rund 4000 Mitglieder an. Die unter dem Dach des «Grossorients» vereinigten Logen zählen rund 400 Mitglieder.[21]

FREIMAUREREI HEUTE

Ziele und Prinzipien

Das Ziel der heutigen Freimaurer aller Richtungen ist eine Menschheit, die in Recht, Würde und Frieden zusammenlebt, ungeachtet ethnischer, sozialer oder religiöser Unterschiede. Dieses Ziel kann nach ihrer Überzeugung am ehesten durch verantwortlich denkende und handelnde Menschen erreicht werden. Die Freimaurerei versteht sich deshalb als Lebensschule, in der jeder eigenverantwortlich, aber im Verbund und mit Unterstützung Gleichgesinnter zu einem moralischen Lebenswandel findet.

Als Prinzipien dieses moralischen Lebenswandels sehen die Freimaurer Humanität, Brüderlichkeit und Toleranz. Wenn sich alle darum bemühen, entsteht eine Gesellschaft, die sich an der Würde ihrer Mitglieder orientiert. Die Freimaurerei versucht folglich, dem eigenen Leben einen Sinn zu geben, der auf eine gesellschaftliche Wirkung hinzielt. Die Freimaurer umschreiben ihr utopisches gesellschaftliches Ziel mit der Metapher des «Tempels der Humanität». Dieses Ziel ist universell, deshalb sehen sich die Freimaurer als weltumspannende Kette.

Die Freimaurerei entstand in der Zeit des Humanismus und wurde zur bedeutenden Bewegung im Zeitalter der Aufklärung. Im 18. Jahrhundert entwickelte sich jedoch auch die Idee von Nationalstaaten, die im 19. Jahrhundert zum Nationalismus pervertiert wurde. Deswegen musste die universelle Komponente des freimaurerischen Weltbildes zwingend durch eine nationale Komponente ergänzt werden.

Jeder Freimaurer ist deshalb sowohl ein dem Humanismus und der Toleranz verpflichteter Weltbürger als auch ein vorbildlicher Staatsbürger – was in der Vergangenheit nicht immer einfach unter einen Hut zu bringen war.

Die der Grossloge Alpina angeschlossenen Schweizer Freimaurer formulieren in ihren Prinzipien dazu offensiv: «Die schweizerischen Freimaurer verpflichten sich, zur Erhaltung des inneren Friedens ihres Landes mit Wort, Schrift und Tat einzustehen. Sie sind gehalten, maurerische Ideale in öffentlichen Angelegenheiten zum Wohl und Gedeihen der Schweiz einzubringen.» Diese Ideale werden konkretisiert: «Der Bund [der Freimaurer] setzt sich auch zum Ziel, (…) die Bildung und Aufklärung nach Kräften zu fördern, gemeinnützige Anstalten zu unterstützen und nötigenfalls solche zu gründen und der Intoleranz entgegenzutreten.»[22]

Diese Prinzipien enthalten also einerseits die Verpflichtung zu sozialem Engagement, andererseits ein Eintreten für Toleranz und drittens – was relativ neu ist – das öffentliche Engagement für die eigenen Ideale. Da diese nicht immer im politischen Mainstream liegen, stellt sich ein Freimaurer mitunter auch der politischen Auseinandersetzung.

Organisation

Weltweit sind die Freimaurer in Logen organisiert, die einer bestimmten Lehrart folgen. Pro Lehrart und Land haben sich die Logen meist zu einer Grossloge zusammengeschlossen, wie wir oben im Zusammenhang mit der ersten Grossloge in England gesehen haben. Jede Grossloge ist selbständig und unabhängig von den Beschlüssen anderer Grosslogen. Sie vertritt die ihr angeschlossenen Logen in der Öffentlichkeit und gegenüber anderen Grosslogen und achtet auf die Einhaltung freimaurerischer Grundsätze. Sonst sind die Logen in ihrer Arbeit und Organisation frei. Viele Logen pflegen einen freundschaftlichen Austausch mit anderen Logen und organisieren gemeinsame Anlässe – auch über Landesgrenzen hinweg. Eine organisierte Weltfreimaurerei gibt es aber nicht.

Die Funktion der Grosslogen darf dennoch nicht unterschätzt werden. Sie wollen einerseits den ihr angeschlossenen Logen grösstmögliche Freiheit lassen, müssen aber dennoch ihr Aufsichtsrecht ausüben können. Dies dient auch dem Schutz der Freimaurerei. Denn was passieren kann, wenn die Kontrolle einer Grossloge versagt, hat die Affäre um die italienische Loge «P 2» in den 1980er-Jahren gezeigt. Die Loge war 1877 in Rom unter dem Namen «Loggia Propaganda Massonica» ge-

16 Jede Loge gibt ihren Mitgliedern ein spezielles Abzeichen ab, das bei rituellen Arbeiten getragen wird und den Träger als Logenmitglied ausweist. Es wird «Bijou» genannt. Hier ein Exemplar der Loge zur Brudertreue aus den 1920er-Jahren.

17 Dieser Silberpokal ist ein Geschenk der Berner Loge zur Hoffnung zum hundertjährigen Bestehen der «Brudertreue» 1911. Freimaurerlogen, die derselben Grossloge angehören, unterhalten freundschaftliche Beziehungen zueinander und machen sich zu besonderen Anlässen Geschenke.
Die Schweizer Grossloge Alpina ist in verschiedene Regionen eingeteilt.
Die Logen innerhalb einer Region – Giron genannt – treffen sich regelmässig.

gründet worden. Sie vereinte in der neuen Hauptstadt Rom die Freimaurer unter den zugezogenen Parlamentariern und Ministern. Nach dem Zweiten Weltkrieg entstand die Loge neu unter dem Namen «Propaganda Due», kurz «P 2». In den 1960er-Jahren geriet sie unter Kontrolle von Licio Gelli, einem Hasardeur mit Beziehungen zur Mafia und zu rechtsextremen Kreisen, aber auch zu einflussreichen Persönlichkeiten Italiens. Unter dem Deckmantel der Loge organisierte Gelli einen Geheimbund, der im Fall eines Wahlsiegs der Kommunisten die Macht in Italien übernehmen sollte. Die italienische Grossloge «Grande Oriente» reagierte lange Zeit nicht – obwohl die «P 2» längst regelwidrig war, da ihre Mitglieder sich weder einer Eingangsprüfung unterziehen mussten noch sich freimaurerisch betätigten. 1974 verfügte die Grossloge zwar die Auflösung der «P 2», diese existierte aber faktisch weiter. Dem Spuk wurde erst durch die Untersuchung der italienischen Staatsanwaltschaft 1981 ein Ende bereitet. Gelli konnte sogar erst 1992 rechtskräftig verurteilt werden. Der Schaden für die Freimaurerei war enorm – hatten sich doch scheinbar alle Vorurteile bestätigt.[23]

Die Nutzung des Freimaurerbundes für wirtschaftliche, gesellschaftliche oder politische Beziehungspflege ist verpönt – erst recht seit den Erfahrungen mit der «P 2». Hingegen sind die Freimaurer verpflichtet, einander innerhalb der Loge oder Grossloge in Notsituationen zu helfen. Die meisten Logen unterhalten dazu spezielle Fonds. Jede Loge kennt klare Bedingungen und Regelungen zur Aufnahme von Mitgliedern, die sich an den Vorgaben der Grossloge orientieren und die Missbrauch zusätzlich ausschliessen sollen. In die Loge zur Brudertreue aufgenommen werden beispielsweise «geeignete, eigenverantwortlich denkende und handelnde Männer mit unbescholtenem Leumund».[24] Frauen werden in der Schweiz nur in spezielle Frauenlogen oder in gemischte Logen aufgenommen, die sich separat in speziellen Grosslogen organisiert haben.

Jeder Aufnahme geht eine sorgfältige Prüfung voraus. Über die definitive Aufnahme entscheidet die Versammlung aller Logenmitglieder in geheimer Abstimmung. Wer sich gegen die Satzungen einer Loge stellt, kann von dieser ausgeschlossen werden. Ebenso ist jedem Freimaurer der Austritt aus einer Loge jederzeit möglich. Mit der Aufnahme in eine Loge hat jedes Mitglied weltweit Zutritt zu allen Logen derselben Lehrart. Für die Mitglieder der Loge zur Brudertreue heisst das beispielsweise, dass sie in jeder Loge des traditionellen englischen Ritus Gastrecht geniessen.

Weltweit gibt es etwa sechs Millionen Freimaurer, die in schätzungsweise 45 000 Logen organisiert sind. Allen Logen gemeinsam ist, dass sie sich regelmässig zur rituellen Arbeit, aber auch zu Vorträgen, Diskussionen und anderen Veranstaltungen treffen. Ebenso sind alle Logen zur Wohltätigkeit gegen aussen verpflichtet, der sie in Form von Vergabungen an soziale, pädagogische oder kulturelle Institutionen nachkommen. Die Loge zur Brudertreue beispielsweise versammelt sich zwischen Oktober und Juni einmal in der Woche zu Tempelarbeit, Instruktion und internen Vorträgen. Im Sommer und im Winter werden die Johannisfeste gefeiert. Daneben werden Familienfeste und Ausflüge mit den Angehörigen organisiert und mehrere öffentliche Vorträge und Konzerte veranstaltet. Die Loge unterstützt kulturelle Veranstaltungen und Organisationen mit Sponsoringbeiträgen und entrichtet an Schulen, soziale Organisationen und Einzelpersonen finanzielle Zuschüsse. Das Geld dafür stammt aus dem Logenvermögen, das durch die Jahresbeiträge und eine wöchentliche Kollekte der Logenmitglieder sowie seit 1974, seit dem Neubau des Logenhauses, auch durch Mieteinnahmen gespiesen wird.

In der Schweiz ist jede Loge als Verein organisiert. Die Vereinsämter werden nach traditionellen Funktionen benannt. Der Vorstand heisst «Beamtenkollegium», der Präsident «Meister vom Stuhl». Die Mitglieder durchlaufen in den ersten Jahren ihrer Mitgliedschaft drei Grade: Nach der Aufnahme in die Loge gelten sie als Lehrlinge. Anschliessend durchlaufen sie eine zweistufige Ausbildung, über den Gesellen zum Meister. In den Schweizer Grosslogen Alpina und Grossorient sind sogenannte «Johannislogen» oder «blaue» Logen organisiert. Sie nennen sich so nach dem Schutzpatron der mittelalterlichen Bauhandwerker, Johannes dem Täufer. Johannislogen bilden nur die drei ursprünglichen Grade aus. Wer sich weiterbilden will, kann zusätzlich in eine sogenannte «Hochgradloge» eintreten. Dort kann er sich durch entsprechende Arbeiten für weitere Grade qualifizieren. Hochgradlogen sind in der Schweiz nicht Teil einer Grossloge.

Freimaurerei und Religion

Die Freimaurerei steht bekanntlich Angehörigen aller Glaubensrichtungen offen. Sie sieht sich aber nicht als Gegenbewegung zu religiösen Gemeinschaften. In Bezug auf die Frage, ob ein Freimaurer sich zu einem übergeordneten Schöpfer bekennen muss, unterscheiden sich aber liberale von traditionellen Logen. Die liberalen Logen haben im «Appell von Strassburg» 1961 festgehalten, «dass eine Regel, die

18 Ritualschwert und Dreispitz des freimaurerischen Tempelritter-Ordens. Dieses Hochgradsystem beruft sich auf die Tradition der mittelalterlichen Tempelritter und benutzt ihre Symbole.

die maurerische Arbeit unter die Anrufung des ‹Größten Baumeisters Aller Welten› stellt, und dass eines der drei ‹Großen Lichter› das heilige Buch einer Offenbarungsreligion zu sein hat, als interne Angelegenheit dem Urteil und der Entscheidung jeder einzelnen Loge und jeder Obödienz [Grossloge] überlassen bleiben muss». Im Gegensatz dazu sind die traditionellen Freimaurer der Ansicht, dass es «keine Ethik getrennt von religiösen Vorstellungen geben kann».[25] In ihren Ritualtexten sprechen sie denn auch vom «Allmächtigen Baumeister aller Welten». Seine Anwesenheit im Tempel bei der rituellen Arbeit wird bei ihren Logen durch die aufgeschlagene Bibel symbolisiert. Bei den Logen, die nach dem liberalen Ritus arbeiten, kann auch ein leeres Buch aufliegen. Die Freimaurerei verlangt aber generell kein Bekenntnis zur Bibel. Sie sieht in ihr lediglich ein Symbol für das übergeordnete Schöpferprinzip. Liberale wie traditionelle Logen stehen deswegen Angehörigen aller Religionen offen, traditionelle Logen verlangen in der Regel aber ein Bekenntnis zu einer übergeordneten höheren Macht.

Von den meisten Religionen unterscheidet sich die Freimaurerei durch diese undogmatische Interpretation einer übergeordneten Macht. Ob und wie der Einzelne dieser begegnet, wird ihm selber überlassen. Aus dem freimaurerischen Weltbild leitet sich lediglich die Vorstellung ab, dass ein Freimaurer sich als idealer Nachfahre der antiken und mittelalterlichen Maurer und Baumeister sieht. So wie Gott die Welt erbaute, errichteten sie die Tempel und Kathedralen. Die Freimaurer tun ihnen dies im doppelten Sinn nach: Sie arbeiten an ihrer Persönlichkeit und gleichzeitig am Tempel der Humanität.[26] Der Ort, in dem diese Arbeit stattfindet, ist der Tempel.

Die rituelle Arbeit

In jeder Loge ist ein separater Raum für die rituelle Arbeit reserviert, der in Anlehnung an die antiken Vorbilder «Tempel» genannt wird. Auf einer Empore an der östlichen Wand (also im Orient) stehen Stuhl und Tisch (Altar) des Meisters vom Stuhl, zusätzlich die zwei kleinen Tische der das Ritual begleitenden Beamten. Entlang der Wände gruppieren sich die Bänke für die Brüder.

In der Mitte des Raums befindet sich ein Teppich (Tapis), der mit freimaurerischen Symbolen geschmückt ist und den Grundriss des salomonischen Tempels darstellt. An drei Ecken des Teppichs stehen die «Drei Kleinen Lichter». Diese drei Lichtstöcke symbolisieren Weisheit, Stärke und Schönheit. Die freie Ecke des Tep-

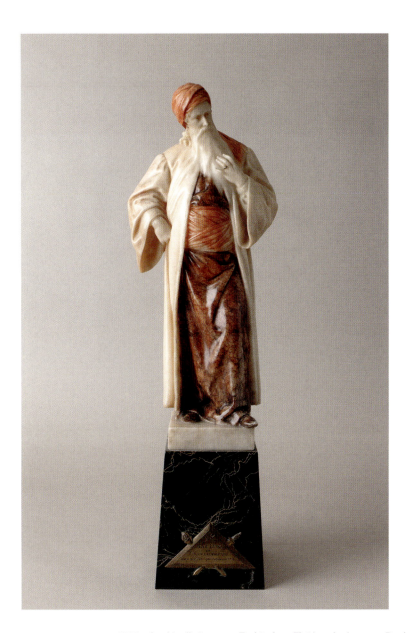

19 1911 schenkte die Luzerner Tochterloge Fiat Lux der Loge zur Brudertreue diese Figur Nathans des Weisen zum 100-Jahr-Jubiläum. Der von Lessing formulierte Gedanke der Toleranz ist einer der zentralen Grundsätze der Freimaurerei. Im Zentrum seines Dramas «Nathan der Weise» steht der gegenseitige Respekt zwischen verschiedenen Religionen, Kulturen und Gesellschaften. Deshalb ist Nathan für die Freimaurer eine oft verwendete Symbolfigur.

20 Die Einrichtung des Tempels der Loge zur Brudertreue stammt aus dem Jahr 1928 und wurde 1972 unverändert in den Neubau im Wielandhaus integriert. Die beiden Schweizerfahnen gehören seit Mitte der 1930er-Jahre zum Inventar. Sie symbolisierten damals die bürgerlich-patriotische Gesinnung der Loge, die auch ein Bekenntnis zur Landesverteidigung beinhaltete.

21 Tapis der Loge zur Brudertreue, der von 1865 bis 1928 verwendet wurde. Abgebildet sind verschiedene maurerische Symbole, die rund um den Eingang des salomonischen Tempels angeordnet sind.

pichs erinnert daran, dass der Tempel Salomos noch nicht vollendet ist, und führt dem Freimaurer so stets seine Aufgabe vor Augen.

Im Tempel liegen stets auch die «Drei Grossen Lichter» auf: Bibel (oder Buch), Winkelmass und Zirkel. Sie stehen für die zentralen Inhalte der Freimaurerei. Die Bibel versinnbildlicht die Religion, die dem Leben der Menschen eine Bestimmung gibt. Das Winkelmass steht für Ordnung und Gesetz, die als wichtigste Bedingungen für ein Leben in Freiheit angesehen werden. Der Zirkel ist das Symbol der umfassenden Liebe zu den Menschen. Der Tempeleingang liegt im Westen, gegenüber dem Tisch des Meisters vom Stuhl. Die beiden Säulen auf der Aussenseite erinnern an den Eingang zum Tempel Salomos. Auch die Gestirne sind Teil der Symbolwelt im Tempel. Die Sonne rechts vom Altar verkörpert die Stärke. Der Mond links vom Altar ist Zeichen des weiblichen Prinzips. Die Decke ist meist als Sternenhimmel ausgemalt, der den Kosmos und die weltumspannenden Ideale der Freimaurerei symbolisiert.

Im Tempel werden die Beförderungen im Rahmen ritueller Handlungen vorgenommen. Innerhalb der Grossloge Alpina sind die Logen in der Ausgestaltung ihrer Rituale frei. Vorgeschrieben sind lediglich die Mindestanforderungen, die der traditionelle englische Ritus vorgibt. Auf die Arbeit im Tempel folgt ein gemeinsames Essen, die «Tafelloge». Auch sie wird nach einem feierlichen Ritus zelebriert. Die Geselligkeit ist Teil der gemeinsamen Arbeit und spielt im Leben einer Loge eine grosse Rolle.

Bei der rituellen Arbeit tragen die Freimaurer einen schwarzen Anzug, zu dem manchmal noch der Zylinder getragen wird. Beides symbolisiert den freien Bürger. Dazu kommt als wichtigstes rituelles Kleidungsstück der Maurerschurz, der wie die Werkzeuge auf die ursprüngliche Maurerarbeit hinweist. Er ist das Sinnbild der Arbeit und des Schutzes vor schlechten Einflüssen. Seine Grundfarbe ist weiss – ein Zeichen der Reinheit. Zum weissen Schurz gehören deshalb auch weisse Handschuhe. Der Schurz kann je nach Lehrart unterschiedlich gestaltet sein. Er enthält aber immer einen Hinweis auf den Grad des Trägers. Die Meister tragen als zusätzliches Erkennungszeichen ein blaues Band um den Hals. Zur rituellen Bekleidung gehört schliesslich noch das «Bijou», ein Ansteckzeichen mit dem Symbol der jeweiligen Loge (vgl. Abb. 16).

Neben dem Tempel gibt es für die rituelle Arbeit noch einen zweiten speziellen Raum: die Kammer des stillen Nachdenkens. Hier halten sich die Kandidaten jeweils eine Stunde alleine auf, bevor sie an einem Beförderungsritual teilnehmen.

22 Aktueller Schurz eines Meisters der Loge zur Brudertreue. Die blaue Umrandung kennzeichnet den Träger als Angehörigen einer Johannisloge, die die drei Grade Lehrling, Geselle und Meister ausbildet. Die drei Kokarden sind die Zeichen des Meistergrades.

Der Lehrlingskandidat soll sich hier nochmals überlegen, ob er dem Bund wirklich beitreten will oder nicht. Zudem ist er aufgefordert, seine Gedanken niederzuschreiben. Sie werden in einem Umschlag verschlossen aufbewahrt. Beim Tod eines Freimaurers kann der Brief geöffnet und an der Trauerloge verlesen werden.

Zwischen Tradition und Öffnung

Die Tempelarbeit unterscheidet heute eine Freimaurerloge von einem «profanen» Männerbund oder Club. Für die Freimaurer ist sie der rituelle Ausdruck des Bemühens um individuelle Vervollkommnung. Deshalb sprechen Freimaurer darüber nicht mit Aussenstehenden. Dies geschieht aus «Respekt vor der inneren Erlebnis-Sphäre eines Menschen».[27] Daneben gilt es auch als unfein, die Namen von Mitgliedern einer Loge ohne deren Einverständnis nach aussen zu tragen.

Die Tradition der Diskretion wird auch heute noch von allen Freimaurerlogen hochgehalten, ebenso das Festhalten an den überkommenen Ritualen und Zeremonien. Wie der Ausschluss der Frauen hat auch die Diskretion historische Gründe: Im 18. und 19. Jahrhundert war der geistige Freiraum nur durch möglichst hermetische Abriegelung vor den politischen und religiösen Auseinandersetzungen der Aussenwelt zu erhalten. Seit der zweiten Hälfte des 20. Jahrhunderts wirkt diese Geheimhaltung – zumindest in den demokratischen Rechtsstaaten – etwas antiquiert und hat ihre Funktion weitgehend eingebüsst.

DIE LOGE ZUR BRUDER-TREUE IN AARAU

Dreimal drei Verpflichtungen

«Als am 17ten und 18ten des Achten, im Jahre 5810 [1810] drey Bürger des Aargaus, zu Aarau wohnhaft, in der sehr gerechten und sehr vollkommenen St. Johannis Orden zur edeln Aussicht im Morgen zu Freyburg im Breißgau in den ersten Grad der Maurerei aufgenommen wurden, vereinten sie sich mit zwey ältern Brüdern, ebenfalls zu Aarau wohnhaft und Zeugen ihrer feyerlichen Aufnahme in den Maurerischen Bund, nach ihrer Zurückkunft in den gemeinsamen Wohnorte, ihre brüderliche Verbindung fortzusetzen. So geschah es, daß sie wöchentlich an einem bestimmten Abend [...] zusammenkamen. Ohne Aufwand bewirthete sie gastfreundlich der Bruder, der sie empfing, und mit Maurerischer Einfalt. Ihre geselligen Unterhaltungen betrafen die Maurerei, ihr Wesen und ihre erhabenen Bestimmungen.»[28]

Die fünf Männer, von denen in diesem Protokolleintrag die Rede ist, hatten sich im August 1810 daran gemacht, in Aarau eine Freimaurerloge zu gründen. Der unmittelbare Anlass dazu hatte eine gemeinsame Reise nach Freiburg im Breisgau gegeben. Hier sollten drei von ihnen in der Loge zur edlen Aussicht zu Meistern befördert werden. Zurück in Aarau, trafen sich die fünf Freimaurer Heinrich Zschokke, Johann Nepomuk von Schmiel, Daniel Dolder, Karl Gabriel von Hallwyl und Friedrich Heldmann regelmässig jede Woche zum gemeinsamen Gespräch. Gleich an der ersten Zusammenkunft skizzierte Heinrich Zschokke das Programm für eine künftige Aarauer Freimaurerloge, die «dreimal drei Punkte»:

«Dreymal drey sollen seyn des wahren Maurers Eigenschaften im ersten Grade, wie er in drey großen Beziehungen zur Welt steht.

I. Wir fordern von ihm als Haupt oder Glied einer Familie, dass er erscheine:

a) als ein guter Hausvater, der in Hinsicht seiner Vermögensumstände Vertrauen verdient.

b) als ein weiser Vorgesezter, der die Seinen mit Liebe leitet.

c) als Unvermählter keusch, als Ehemann treu und zärtlich.

II. Wir fordern von ihm als Glied eines Staates, dass er erscheine:

a) als Bürger gehorsam den Gesezen des Landes,

b) als Beamteter, oder in seinen Berufsgeschäften der Vortrefflichste in seiner Sache, soweit die Kräfte gehen,

c) als Genosse einer Kirchenparthey, ein Muster der Religiosität für die Profanen.

III. Wir fordern von ihm als Glied des Maurerthums:

a) Verschwiegenheit über die Sache des Ordens,

b) Uneigennützigkeit bei allem was er im Orden thut,

c) Treue den Brüdern.»[29]

Nur so konnte sich Zschokke eine künftige Freimaurerloge vorstellen. Die «dreimal drei Punkte» waren für ihn die unabdingbaren, aber eigentlich auch die einzigen Ansprüche, die er an die Freimaurerei hatte. Er sah sie als gesellschaftliche Eliteschule, deren Mitglieder moralische Vorbilder zu sein hatten. Die anderen sahen dies genauso.

Sie waren alle junge Männer, die Pionierarbeit beim Aufbau des neuen Kantons Aargau leisteten: Zschokke als Forst- und Berginspektor, Schmiel als Kommandant der kantonalen Miliz, Dolder als Postdirektor, von Hallwyl als Kommandant des Landjägercorps und Heldmann als Lehrer an der Kantonsschule. Sie sahen sich als Vertreter einer neuen kantonalen Elite und setzten sich zum Ziel, an der Schaffung einer Bürgergesellschaft mitzuwirken.

Die Gesellschaft für Vaterländische Kultur

Maurerische Rituale, Vorschriften und Symbole bedeuteten den Logengründern in Aarau nicht viel. Es eilte ihnen denn auch nicht mit der Anerkennung als reguläre Loge. Vielmehr beschäftigten sie konkrete soziale und kulturelle Projekte. Bereits

23 *Heinrich Zschokke (1771–1848)*

Der aus Magdeburg stammende Politiker, Schriftsteller und Volksaufklärer Heinrich Zschokke hat den jungen Kanton Aargau geprägt wie kaum ein anderer. Und damit hatte er auch wesentlichen Einfluss auf die Entstehung des Schweizer Bundesstaates. Der Aargau brauchte Männer wie Zschokke, die bereit und fähig waren, sich für den Aufbau eines neuen Staates einzusetzen. Zschokke war bereits 1792 einer Loge beigetreten und gründete 1811 in Aarau zusammen mit Gleichgesinnten eine neue Loge. Sein Interesse für die Freimaurerei überrascht nicht. Zschokke hatte Theologie studiert und sich zeit seines Lebens als Schriftsteller mit den Grundfragen des Lebens auseinandergesetzt.

Mit seiner Wochenschrift «Stunden der Andacht», die zwischen 1806 und 1816 erschien, verfolgte er das Ziel der Vermittlung christlicher Ethik jenseits des Konfessionalismus.

Dieselben Zielvorstellungen formulierte Zschokke auch für die neue Loge in Aarau mit seinen «dreimal drei Punkten». Für den sein Leben lang höchst produktiven und engagierten Mann musste eine Freimaurerloge gesellschaftlich relevant sein. Ihre Existenz war nur dann zu rechtfertigen, wenn sie ihre Mitglieder dazu brachte, sich als moralische Vorbilder zu verstehen und sich darüber hinaus für die Verbesserung der geistigen und materiellen Lebensverhältnisse der Bevölkerung einzusetzen.

an der sechsten Zusammenkunft am 14. Dezember 1810 ergriff Schmiel das Wort und «brachte vor, daß er wünschte, dass unsere Maurerische Gesellschaft jetzt schon, und zwar noch ehe wir zu einer gesezmässigen Loge vereinigt wären, Gutes und Nützliches würken möchte nach unseren Kräften und Verhältnissen. Dieß möchte – meynte der Bruder – vielleicht am zwekmäßigsten auf die Weise geschehen können, daß unsere, jetzt noch kleine Gesellschaft, gleichsam der Stamm einer andern würde, die zwar nicht gerade aus lauter Maurern, doch aber aus den besten und fähigsten Köpfen des ganzen Kantons bestünde, welche von uns zu Mitgliedern derselben gewählt, und zu bestimmten Zeiten versammelt werden sollten, auf daß sie sich wechselseitig ihre Ansichten und Erfahrungen in den verschiedenen Zweigen des Wissens und Würkens mittheilen und auf solche Weise das Gute und Nüzliche vielseitig vorbereitet und befördert werde.»[30] Schmiel wurde von den begeisterten Brüdern sogleich mit der Ausarbeitung eines Statutenentwurfs für eine solche Gesellschaft beauftragt.

An der nächsten Zusammenkunft unterbreitete Schmiel den Mitbrüdern den verlangten Entwurf. Er basierte auf den Statuten der Ökonomischen Gesellschaft Graubündens, die ihm Heinrich Zschokke übergeben hatte. Als Ziel hatte Schmiel formuliert: «Die besten, edelsten Kräfte des Menschen sind oft durch wiedrige Verhältnisse, nicht selten durch oekonomisches Unvermögen gelähmt, niedergedrükt; man löse diese Fesseln durch Beförderung seines physischen und moralischen Wohls, daß er sich frey fühle vom Drange der Sorgen und Kümmernis, so wird alles, freyer seinen Geist ansprechen, alles Edle desto leichter Zutritt in seine Seele finden.»[31]

In Vorträgen und Diskussionen sollten sich die Mitglieder der neuen «Gesellschaft für Vaterländische Kultur» über nötige Veränderungen und Verbesserungen in Politik, Wirtschaft und Kultur klar werden und diese dann umsetzen. Zur Gründungsversammlung am 2. März 1811 wurden verschiedene Interessierte von ausserhalb der Freimaurervereinigung ins Gasthaus zum Ochsen eingeladen. Man genehmigte unter dem Vorsitz Schmiels die Statuten und beschloss, dass man sich künftig wöchentlich zu Vorträgen und Gesprächen treffe.

Was die Bedeutung der Gesellschaft ausmachte, war nicht nur ihre Funktion als «think tank» (wie man heute sagen würde), sondern vor allem auch ihre aktive Rolle als Gründerin verschiedener Institutionen, die der junge Kanton dringend nötig hatte. 1812 eröffnete sie die «Zinstragende Ersparniskasse für die Einwohner des Kantons Aargau», die heutige Neue Aargauer Bank. Die Kasse war eine sozialpolitische Institution, die der ländlichen Mittel- und Unterschicht das zinstragende und sichere Anlegen auch kleiner Summen für Notzeiten ermöglichte.

Nicht weniger wichtig war das Bildungswesen. Bereits 1811 entstand in Aarau eine Arbeitsschule für arme Mädchen. Die ab 1814 neu gegründeten Bezirksgesellschaften führten diese Initiative weiter. Unter ihrer Obhut entstanden überall im Kanton weitere Nähschulen für Mädchen, Sonntagsschulen für junge Handwerker und Fabrikschulen für arbeitende Kinder. Ebenfalls diskutiert wurde die Notwendigkeit einer Schule für taubstumme Kinder, die 1836 eröffnet werden konnte und heute in der Schweizerischen Schule für Hörbehinderte auf dem Landenhof fortbesteht. 1819 bis 1830 betrieb die Gesellschaft für Vaterländische Kultur zudem den «bürgerlichen Lehrverein». Dieses auf technische und naturwissenschaftliche Fächer ausgerichtete Gymnasium ergänzte die humanistisch-geisteswissenschaftliche Kantonsschule.

Aus der Gesellschaft für Vaterländische Kultur gingen schliesslich zwei wichtige Tochtergesellschaften hervor. Die Aargauische Naturforschende Gesellschaft gehört heute zur Trägerschaft des weit über die Kantonsgrenzen hinaus bekannten Naturmuseums «Naturama Aargau». Und die Historische Gesellschaft widmet sich der Aargauischen Geschichtsforschung und Geschichtsvermittlung.

Insgesamt wirkte die Gesellschaft ganz im Sinn ihrer freimaurerischen Gründer: Sie setzte sich nachhaltig für die Schwachen in der Gesellschaft ein, engagierte sich in der Bildung und Ausbildung von Bevölkerung wie Elite, mischte sich aber nie in die politische Diskussion ein.

Die Gründung der Loge zur Brudertreue

Um aus dem Freimaurerzirkel eine reguläre Loge zu machen, mussten sich die Aarauer Brüder zu einem der verschiedenen Systeme bekennen und von einer Grossloge dieses Systems anerkannt werden. Bis es soweit war, verstrich mehr als ein Jahr. Der Grund lag darin, dass sich die Aarauer zuerst gründlich informierten und nach Mutterlogen suchten. Im Vordergrund standen die beiden Logen «Zur edlen Aussicht» in Freiburg und «Carl zur Eintracht» in Mannheim, zu denen bereits Verbindungen bestanden. Von ihnen erbat man die Statuten und erarbeitete anhand dieser Vorlagen einen Statutenentwurf für Aarau.

Gleichzeitig hatte Zschokke an den Präsidenten des Helvetischen Direktoriums des Rektifizierten Schottischen Ritus in Basel geschrieben und um die Er-

24 *Heinrich Remigius Sauerländer (1776–1847)*

Den aus Frankfurt am Main stammenden Buchhändler und Verleger Sauerländer verband mit Heinrich Zschokke eine persönliche und auch weltanschauliche Freundschaft. Zschokke hatte ihn 1807 von Basel nach Aarau geholt. Sauerländer verlegte Zschokkes Bücher, Wochenschriften und seine liberale Volkszeitung «Schweizerbote». Dank Sauerländers modernen Verkaufsmethoden wurde Zschokke als Volksschriftsteller ungemein populär. Beide trugen wesentlich zur Verbreitung liberaler Ideen im Aargau, in der Schweiz und im gesamten deutschsprachigen Raum bei.

Sauerländer gehört zur Gründergeneration der Loge zur Brudertreue. «Sowohl im öffentlichen Leben als in der Loge entzog sich Bruder Sauerländer allen Beamtungen. Er war eine Natur, die im Stillen wirken musste», beschreibt der Chronist Albert Tschopp seinen Charakter.[32] Sauerländers Bedeutung für die Loge und die Allgemeinheit liegt tatsächlich vor allem bei seinem publizistischen Engagement, aber auch in seiner Persönlichkeit begründet. Er galt offenbar als Mann der Mässigung und des Ausgleichs, der auch Zschokke vor seinem Rückzug aus der Loge 1812 noch einmal umzustimmen versuchte. Wie Zschokke motivierte auch Sauerländer zwei seiner Söhne zum Eintritt in die Loge. Für die beiden Freunde war das freimaurerische Engagement ein Bestandteil der Familientradition.

laubnis gebeten, eine Loge gründen zu dürfen. Der Rektifizierte Schottische Ritus verband französische und englische Elemente. Er konzentrierte sich auf die Vermittlung eines christlich-humanistischen Menschenbildes, forderte Ergebenheit gegenüber dem Vaterland, förderte die individuelle Vervollkommnung aller Mitglieder und verpflichtete die Logen zur Wohltätigkeit gegenüber notleidenden Menschen, ohne Rücksicht auf Glauben, Nationalität oder Stand. Der in Frankreich 1778 gegründete Freimaurerorden hatte 1779 den beiden Präfekturen Basel und Zürich den Status als unabhängige Organisationen bewilligt. 1809 formierte sich in Basel die Präfektur neu als «Helvetisches Direktorium». Der Rektifizierte Schottische Ritus war einer der wichtigsten in der Schweiz, zahlreiche Logen schlossen sich ihm an – auch die Aarauer Brüder hatten sich für diesen Ritus entschieden. Am 16. Juli 1811 wurde das von Zschokke formulierte Gesuch von den Brüdern genehmigt und nach Basel geschickt.

Allerdings brauchte es noch einige Anstrengungen, bis sich Basel und Aarau auf ein «Concordat» einigen konnten. Die Vorschriften des Direktoriums erschienen den Aarauern allzu einengend und formalistisch. Vor allem Zschokke wollte unbedingt verhindern, dass die Aarauer Loge auch Mitglieder aufnehmen musste, die nicht seinen strengen moralischen Massstäben entsprachen. Erst ein persönliches Gespräch zwischen Heldmann und dem Direktorium in Basel führte endlich zum Erfolg: Die Aarauer hatten das Recht erwirkt, eine Loge nach weitgehend selbst formulierten Grundsätzen zu konstituieren und von Basel anerkennen zu lassen – zumindest vorläufig.

So konnten am 27. Oktober 1811 neun Freimaurer nach über einem Jahr Vorbereitungszeit die Loge unter dem Namen «Wilhelm Tell» gründen. Auch die Gründungsversammlung fand im Geheimen statt, immerhin hatte sie einen festlichen Anstrich: Man hörte eine Ansprache Zschokkes und man sang sein eigens für diesen Anlass komponiertes Lied «Die Weihe». Als erster Meister vom Stuhl bestimmten die Brüder Gabriel Carl von Hallwyl. Ansonsten glich die Gründungsversammlung einer normalen Sitzung, wie man sie jede Woche abhielt; am Schluss sammelte man wie immer für die Armenkasse. Vom Direktorium in Basel hatte niemand an der Gründungsversammlung teilgenommen. Ob Besuch aus Basel bei den Aarauern nicht erwünscht war oder ob man aus Geheimhaltungsgründen darauf verzichtete, geht aus dem kurzen Protokoll nicht hervor. Auf alle Fälle meldete sich das Direktorium wenig später und verlangte eine Änderung des Namens, der allzu politisch

> **Wir Meister vom Stuhl, Aufseher, Beamte und Mitglieder**
> der sehr vollkommenen und gerechten St. Johannis ☐ zur Brudertreue im Aufgange zu Aarau,
>
> bezeugen, daß der würdige Bruder *David Frey* als Ritter des dritten Grades und Mitglied dieser sehr ehrwürdigen ☐ anerkannt, und als Frei- und angenommener Maurer in den Jahrbüchern des Ordens aufgezeichnet sei. Wir empfehlen diesen Bruder allen auf der Oberfläche der Erde versammelten und zerstreuten Brüdern zur geneigten Aufnahme und brüderlichen Liebe.
>
> Gegeben im Orient von Aarau, den *10.* Tag des *VIII.* Monats im fünftausend achthundert und *achtzehnten* Jahre. *5818.*
>
> Meister vom Stuhl
>
> Erster Aufseher   Zweiter Aufseher
>
>   Sekretär der ☐

25 Bescheinigung von 1818 für David Frey, die seinen maurerischen Rang und die Mitgliedschaft in der Loge zur Brudertreue dokumentiert.
Im frühen 19. Jahrhundert mussten sich die Logen in der Schweiz vor ausländischen Spitzeln in Acht nehmen. Da bei allen Logen das gegenseitige Gastrecht galt, musste sich jeder fremde Freimaurer mit besiegelten Dokumenten über seine Mitgliedschaft zur Bruderkette ausweisen.
Diese Praxis ist auch heute noch üblich, die entsprechenden Dokumente werden aber meist von den Grosslogen ausgestellt.

erschien. Man wählte zuerst die Variante «Tell zum Frieden», die allerdings nicht alle Brüder zufrieden stellte. Am 21. November 1811 fand der unverfängliche Name «Zur Brudertreue» schliesslich die Zustimmung aller Anwesenden.[33]

Streit um die Regularität

Am 18. Dezember 1811 erklärte Heinrich Zschokke seinen Rücktritt aus der Brudertreue. Nach einem ausführlichen Gespräch konnte ihn zwar eine Delegation noch für kurze Zeit umstimmen, im Februar 1812 aber trat er endgültig aus. Der Grund war die Ablehnung von Regierungsrat Fetzer, den er als Kandidaten vorgeschlagen hatte. Dahinter lassen sich aber weitere Beweggründe vermuten: Die Loge vergrösserte sich, sie war nicht mehr der kleine Kreis von Freunden. Zudem gestaltete sich die Einordnung in den Rektifizierten Schottischen Ritus schwieriger als erwartet. Es hatten nun die Auseinandersetzungen begonnen, die Zschokke immer gefürchtet hatte.

Neben den grundlegenden Graden Lehrling, Geselle und Meister forderte der Schottische Ritus die Arbeit an zusätzlichen Hochgraden. Die Aarauer Loge weigerte sich, dieses System zu übernehmen, und beschränkte sich auf die Grade Lehrling, Geselle und Meister. Die Arbeit an den Hochgraden befand man als inhaltslose Rituale. Nach wie vor galten für die Aarauer Zschokkes dreimal drei Punkte als Kern der Freimaurerei, alles andere war überflüssig.

Nach längerer Korrespondenz verweigerte das Direktorium in Basel der Aarauer Loge schliesslich die Genehmigung, als reguläre Loge zu arbeiten. Damit sah sich die Brudertreue gezwungen, ihre offizielle Tätigkeit auf Ende 1812 aufzugeben. Doch bereits im April 1813 sandte eine Gruppe unter dem Vorsitz von Regierungsrat Herzog von Effingen ein neues Gesuch um Errichtung einer Loge nach Basel. Nun schien ein gegenseitiges Arrangement möglich, wohl begünstigt durch die Position des Vorsitzenden. Am 27. Februar 1815 konnte die Loge ein zweites Mal gegründet werden, diesmal mit einer Delegation des Direktoriums und in zeremonieller Kleidung mit Dreispitz und Schwert.

Doch auch nach dem zweiten Anlauf blieben die Aarauer offenbar ein Sorgenkind, weil sie nach wie vor gegen rituelle Vorstellungen des Direktoriums verstiessen. Man hielt sich in Aarau vielmehr an das Ritual des Deutschen Friedrich Ludwig Schröder, das den Vorstellungen der Aarauer am ehesten entsprach. Vor allem Friedrich Heldmann machte aus seiner Kritik am Hochgradsystem keinen Hehl.

26 Das erste Siegel der Loge zur Brudertreue zeigt das Auge Gottes im Strahlenkranz. Die Umschrift bedeutet sinngemäss: Für die Tugend gibt es immer einen Weg. Darunter das aktuelle Logensiegel mit Zirkel, Winkelmass und der gekrönten Schlange als Symbol der Ewigkeit.

27 *Johannes Herzog von Effingen (1773–1840)*

Herzogs Lebenslauf ist bemerkenswert. In einfachen Verhältnissen aufgewachsen, wurde er zu einer der bedeutendsten Persönlichkeiten im Aargau des frühen 19. Jahrhunderts. Um 1800 gründete er in Aarau eine Baumwollspinnerei, die er als Erster im Aargau mit Maschinen ausstattete und die ihn in der Folge zum reichsten Industriellen des ganzen Kantons machte. Politisch war er ein überzeugter, aber gemässigter Liberaler der ersten Stunde. In der Helvetik hatte er sich seine politischen Sporen abverdient und machte nun im neuen Kanton Aargau rasch Karriere.

Als er 1812 der Aarauer Loge beitrat, war er bereits Regierungsrat. In der Nachfolge von Gabriel Carl von Hallwyl übernahm er noch im selben Jahr den Vorsitz und konnte für die Loge die Anerkennung durch das Basler Direktorium des Schottischen Ritus erwirken. Auch dies war ein Zeichen seines politischen Gewichts und Verhandlungsgeschicks. Herzog passt gut in die Reihe der Gründerväter der «Brudertreue». Wie die meisten von ihnen war er ein unermüdlich tätiger und erfolgreicher Mann. Als überzeugter Freimaurer setzte er sich für eine Verbesserung der Schulbildung ein und unterstützte insbesondere die Gründung einer Aargauer Kantonsschule.[34]

Sein bei Sauerländer verlegtes «Handbuch der Freimaurer» stiess in konservativen Freimaurerkreisen auf Kritik – vor allem auch wegen des breiten Echos in der Öffentlichkeit. Heldmann galt als Nestbeschmutzer, und das Direktorium in Basel erliess 1816 ein Zensuredikt über das Handbuch.[35]

Öffentlich oder geheim?

Heldmann verliess die Aarauer Loge und zog 1817 nach Bern. Damit kam die «Brudertreue» aus der Schusslinie – was den Aarauer Brüdern wohl nicht ungelegen war. Man befand sich mitten in den Jahren der Restauration. Für konservative Bevölkerungskreise waren die Freimaurer die Urheber der revolutionären Umbrüche und Verheerungen während der Helvetik – und entsprechend unbeliebt. So wollte man vorsichtig sein und sich als Freimaurer nur Eingeweihten zu erkennen geben, umso mehr, als im Aarauer Zirkel zahlreiche wichtige Vertreter des liberalen Aargaus und weitere bekannte Persönlichkeiten mitmachten. Um 1817 befanden sich unter den 46 Mitgliedern zwei amtierende und ein ehemaliger Regierungsrat (Herzog, Schmiel, Brentano) sowie zehn Staatsbeamte, darunter der Postdirektor, der Zolldirektor und der Chef des kantonalen Kriegsbüros. Weiter waren 14 Mitglieder Unternehmer und Fabrikanten, darunter die Textilfabrikanten Laué aus Wildegg und Herosé aus Aarau. Und mit dem Buchdrucker und Verleger Heinrich Remigius Sauerländer und seinem Stellvertreter Johann Martin Rode gehörten der Loge auch kämpferische Herausgeber liberalen Schriftgutes an.[36]

Man darf sich natürlich fragen, inwiefern bei einer solch illustren Mitgliederliste eine Geheimhaltung sinnvoll war. Es ist ohnehin anzunehmen, dass bei den meisten ihre Mitgliedschaft längst bekannt war. Dennoch hielt die «Brudertreue» eisern am Prinzip der Diskretion fest. Dies ging so weit, dass man auch die Gründung der Gesellschaft für Vaterländische Kultur zunächst geheim gehalten hatte, obwohl auch Nicht-Freimaurer beteiligt waren. Erst 1814 wurden Ziele und Statuten öffentlich bekannt gemacht – und prompt ebbte die Welle von Gerüchten und Verschwörungstheorien ab, die über die Gesellschaft kursiert hatten.[37]

Auch das für das Selbstverständnis der «Brudertreue» so zentrale soziale Engagement liess sich natürlich nicht geheim halten – und hätte eigentlich die Loge auf den Geschmack der Öffentlichkeitsarbeit bringen können. Denn die grosszügigen Spenden und Unterstützungen stiessen auf Anerkennung und Dankbarkeit, insbesondere auch nachdem die «Brudertreue» 1816 und 1817 in der grossen

28 *David Zimmerli (1792–1875)*

Zimmerli wuchs als Sohn eines Müllers in Brittnau auf. Als Offizier in einem Schweizer Regiment in französischen Diensten machte er Napoleons Russlandfeldzug mit. Er gehörte zu den wenigen Überlebenden. Wegen seiner Tapferkeit erhielt er das Kreuz der französischen Ehrenlegion. Die traumatischen Erlebnisse verarbeitete er in eindringlichen Aufzeichnungen, die allerdings erst nach seinem Tod veröffentlicht wurden. In französischen Diensten lernte er auch die Freimaurerei kennen. Sein Beispiel verdeutlicht die Bedeutung der Fremden Dienste bei der Verbreitung der Freimaurerei in der Schweiz.

Nach seiner Rückkehr in die Schweiz 1815 setzte er seine Militärkarriere fort: zunächst in niederländischen Diensten und dann ab 1825 als Chef der Aargauer Infanterie und als Polizeikommandant. 1832 wechselte Zimmerli als Oberstmilizinspektor nach Bern, wo er 1842 auch in die eidgenössischen Militärbehörden berufen wurde. Im Sonderbundskrieg war Zimmerli Adjutant von General Dufour. In dieser Stellung hatte er erheblich dazu beigetragen, dass die besetzten Sonderbundskantone schonend behandelt wurden. Sein humanes Menschenbild basierte auf den persönlichen Erfahrungen in Russland und auf der freimaurerischen Ethik.

1850 wandte sich Zimmerli dem zivilen Leben zu und zog zurück nach Aarau. Sein Beruf als Zinsrodelverwalter der Aargauischen Ersparniskasse liess ihm genügend Zeit für ein Grossrats- und später auch für ein Stadtratsmandat. Zweimal war er auch Stadtammann von Aarau.

Hungersnot mit einem Benefizkonzert erstmals offiziell an die Öffentlichkeit getreten war.

So oder so – auf dem Höhepunkt der Restauration war der Druck auf den vergleichsweise freiheitlichen Aargau nicht nur in der Freimaurerei zu spüren. Im In- und Ausland wuchs die Kritik aus konservativen Kreisen an der Aargauer Regierung wegen ihrem liberalen Pressegesetz. Zudem waren die zahlreichen Flüchtlinge aus Deutschland, die sich in Aarau aufhielten und dem jungen Kanton als Fachleute und Lehrkräfte dienten, den Konservativen ein Dorn im Auge: Sie würden revolutionäres Gedankengut verbreiten und als Kantonsschullehrer die Jugend verführen.

Die Aristokratien in Europa wurden über die Verhältnisse im Aargau durch Spitzel ständig informiert. Ein österreichischer Spion berichtete 1821 nach Wien: «Ich hatte Gelegenheit, daselbst [in Aarau] die Lesezirkel und die Loge, genannt zur Brudertreue, zu besuchen. Überall beschäftigt man sich mit der Vorlesung politischer Ereignisse, was die Revolution in Neapel betrifft, so habe ich wohl niemanden gefunden, der sie nicht gut geheissen und den Neapolitanern Lob gesprochen hätte.»[38]

Die «Brudertreue» – eine politisch engagierte Loge mit Ausstrahlung

Die Loge zur Brudertreue war eine Gründung von Volksaufklärern. Nach ihrem Willen sollte sie fähige Männer des Kantons vereinigen und zu aktiven Förderern einer bürgerlichen Gesellschaft machen. Es ging um nichts weniger als um den Aufbau einer mündigen und der Demokratie würdigen Aargauer Bürgerschaft. Faktisch bedeutete dies auch ein politisches Engagement der Brüder im Sinn des Liberalismus.

In den politisch unruhigen Zeiten der Regeneration kämpften junge Radikal-Liberale für eine Erweiterung der Volksrechte und eine Modernisierung der Schweiz. Ihr Ziel war die Wiedereinführung der wichtigsten Errungenschaften der Helvetik: des allgemeinen Stimm- und Wahlrechts, der Handels- und Gewerbefreiheit und der Pressefreiheit. Nach 1830 gelang es den Radikalen, in verschiedenen Kantonen neue Verfassungen in ihrem Sinn einzuführen. Man spricht deshalb im Gegensatz zum Zeitalter der Restauration nun vom Zeitalter der Regeneration.

Auch im Aargau wurden 1831 nach dem Freiämtersturm die Volksrechte ausgebaut. Doch nun rückten immer mehr die konfessionellen Gegensätze in den Vordergrund der Politik – besonders ausgeprägt im Aargau. Die Liberalen und Radi-

29 Im zweiten Stock des Hauses von Heinrich Zschokke am Rain in Aarau wurde 1811 die Loge unter dem Namen «Wilhelm Tell» gegründet. Das Haus diente der Loge bis 1839. Hier fanden auch die Versammlungen der Gesellschaft für Vaterländische Kultur statt.

kalen wollten Kirche und Staat trennen, was bei den katholischen und konservativen Bevölkerungskreisen auf heftigen Widerstand stiess. Im Aargau begann der Konflikt nach der Verfassungsrevision von 1841. Diese hatte die Abschaffung der konfessionellen Parität im Grossen Rat gebracht und war von der reformiert-liberalen Bevölkerungsmehrheit klar angenommen worden. Nun waren Grosser Rat und Regierungsrat in liberaler Hand. Im Regierungsrat sassen in diesen Jahren zwei Mitglieder der «Brudertreue»: Joseph Fidel Wieland und Franz Waller. Obwohl katholisch, waren beide feurige Radikal-Liberale.

Im katholisch-konservativen Freiamt brachen nun Unruhen aus. Nach der Festnahme von Franz Waller in Muri rückten Truppen aus und besetzten nach kurzem Kampf das Freiamt. Als Schuldige des Aufruhrs benannten die Radikalen unter Augustin Keller die Klöster, vor allem die Mönche aus Muri. Keller setzte im Grossen Rat die Aufhebung der Klöster durch, allerdings ohne für seine Behauptung Beweise zu haben.

Im gleichen Jahr führte die Verfassungsrevision in Luzern zum gegenteiligen Ergebnis, nämlich zu einer konservativen Mehrheit im Grossen Rat. 1843 zog der konservative Umschwung im Wallis bürgerkriegsähnliche Unruhen nach sich, die mit dem Tode von 24 Radikalen endeten. Dieses Massaker entsetzte die liberale Schweiz. Acht Tage nach dem Blutbad schlug Keller im Aargauer Grossen Rat ein bundesweites Verbot der Jesuiten vor, die er für die Eskalation im Wallis verantwortlich machte. Unterstützt wurde Keller von Waller und Wieland.

Es war der Beginn einer Anti-Jesuiten-Kampagne, die alle liberalen und radikalen Kräfte der Schweiz vereinigte. Im Gegenzug berief Luzern die Jesuiten als Lehrer an die höheren Schulen der Stadt. Dagegen erhob sich in den liberalen Kantonen ein Sturm der Entrüstung. Er gipfelte in einem Umsturzversuch der Luzerner Radikalen gegen die Regierung – mit Unterstützung von Freischaren aus den Kantonen Aargau, Solothurn und Baselland.

Verschiedene Freimaurer aus dem Kreis der «Brudertreue» waren an vorderster Front bei diesem Umsturzversuch beteiligt. Im Gasthaus zum Schwert in der Aarauer Rathausgasse, das von Bruder Steininger geführt wurde, hatte sich eine Art Kommandozentrale der Freischaren gebildet. Mit von der Partie waren mindestens zwei weitere Mitglieder der «Brudertreue», nämlich Billo und Waller. Nach dem Scheitern des ersten Freischarenzugs im Dezember 1844 bot Waller seinen Rücktritt an, konnte aber im Amt bleiben. Die Unterstützung der Freischaren entsprach

30 Zwischen 1839 und 1842 verfügte die Loge zur Brudertreue über keine eigenen Räume. Die Arbeiten fanden abwechselnd bei einzelnen Mitgliedern statt, die Feste im Saal des Gasthauses zum Schwert an der Aarauer Rathausgasse 8. Hier wurde auch der erste Freischarenzug 1844 geplant, an dem mehrere Logenmitglieder beteiligt waren.

dem Willen der liberalen Mehrheit im Aargauer Grossen Rat und auch im Regierungsrat.

Wenig später initiierten Keller, Waller und Plazidus Weissenbach den «Volksverein» als militante Anti-Jesuiten-Organisation. Er sollte zu einer Vorgängerorganisation der späteren Freisinnigen Partei werden. Unter dem Einfluss dieses und weiterer Vereine wurde im Februar 1845 ein zweiter Umsturzversuch unternommen. Auch dieser zweite Freischarenzug scheiterte.

In der Folge schlossen sich die katholisch-konservativ regierten Kantone Uri, Schwyz, Obwalden, Nidwalden, Luzern, Zug, Freiburg und Wallis zum Sonderbund zusammen. Nachdem zwischen 1845 und 1847 auch in Zürich, Bern, Genf, St. Gallen und in der Waadt radikale Regierungen gewählt worden waren, wurde eine Machtprobe unausweichlich. Die liberalen Kantone waren nun in der Mehrheit und beschlossen die militärische Auflösung des Sonderbunds. Im Sonderbundskrieg wurden die konservativen Kantone 1847 besiegt. Die anschliessenden Verhandlungen für eine neue Bundesverfassung mündeten in die Gründung des Bundesstaates. Damit war die Zerreissprobe vorerst überstanden.[39]

Wachstum und Vernetzung

Für die Loge zur Brudertreue waren die Jahre der politischen Unruhe einerseits belastend, andererseits aber auch erfolgreich. Das Engagement von radikalen Logenmitgliedern stiess innerhalb der «Brudertreue» nicht nur auf Unterstützung, es gab deswegen Meinungsverschiedenheiten und auch Austritte. Gleichzeitig konnte die Loge zahlreiche Neueintritte von liberal gesinnten Männern verzeichnen, viele davon kamen von weit her, aus dem Kanton Basselland und aus Luzern, aber auch aus anderen Gebieten des Aargaus und Solothurns. Die Loge musste sich neu organisieren: Man führte die schriftliche Wahl von Beamten ein und übertrug Beamtungen auch an auswärtige Brüder. Wichtige Verhandlungen wurden bisweilen auch in Olten abgehalten, das ab 1856 mit der Bahn aus allen Richtungen gut erreichbar war.

Überhaupt förderte das neue und schnelle Transportmittel die Vernetzung enorm: Mit der Zürcher Loge wurden enge Kontakte geknüpft, und an verschiedenen Orten im Aargau fanden regelmässig Zusammenkünfte von Freimaurern der «Brudertreue» statt. Im Mai 1862 trafen sich erstmals 138 Brüder aus verschiedenen Regionen der Schweiz zum Auffahrtsfest in Olten, das bis zu Beginn der 1920er-Jahre jährlich stattfand.

31 Der Zirkel Zofingen traf sich im 19. Jahrhundert in der Gaststube der Brauerei Senn. Ein Familienmitglied war Mitglied der «Brudertreue». In seinem Auftrag wurde der neue Kachelofen vom Ofenmaler Heinrich Egli, der seit 1811 in Aarau tätig war, mit Spruchkacheln versehen, die auf die Aarauer Loge Bezug nehmen, hier zum Beispiel: «In Brudertreu soll man uns finden, Hass und Neid soll ganz verschwinden». Der Ofen befindet sich heute im Eingangsbereich des Logengebäudes in Aarau.

32 Zwischen 1843 und 1865 verfügte die Loge über zwei Räume im Haus am Schanzegg in Aarau (Oberholzstrasse 1), das Logenbruder Henz gehörte.

In Zofingen, Aarburg, Schöftland, im Wynental, in Brugg, Baden und in Rheinfelden bildeten sich im Lauf der Jahre «Kränzchen» oder «Zirkel». So bezeichnet man lockere Vereinigungen von Freimaurern, die zu weit weg wohnen, um regelmässig an den Versammlungen ihrer Loge teilnehmen zu können. Heute sind die Verkehrsmittel besser. Deswegen existiert nur noch der Zirkel Zofingen.

Der Zulauf aus dem neu gegründeten Kanton Baselland war so zahlreich, dass die Brüder in Liestal bereits 1845 eine eigene Loge zur Bundestreue eröffnen konnten. Sie überlebte aber die neuerlichen Spannungen der Verfassungskämpfe der 1860er-Jahre nicht und musste 1866 schliessen. An ihre Stelle trat das Kränzchen zur Treue und Freundschaft als Tochter der Aarauer «Brudertreue». 1950 wurde das Kränzchen aus dieser Obhut entlassen. Die meisten Brüder hatten sich mittlerweile nach Basel orientiert.

Im Kanton Luzern war die Freimaurerei in der Öffentlichkeit sehr umstritten. Noch war hier ein öffentliches Bekenntnis nicht denkbar. So schlossen sich die Luzerner auswärtigen Logen an, die meisten fanden Aufnahme in Aarau und in Bern. Trotz widrigen Umständen bildete sich auch in Luzern ein Kränzchen, initiiert von Ludwig Rudolf Meyer von Schauensee und Josef Graber. Beide waren Liberale aus St. Urban. Graber war seit 1849 Mitglied der «Brudertreue», Meyer seit 1840 Mitglied der Loge zur Hoffnung in Bern; später wurde er auch Ehrenmitglied der «Brudertreue». Ab 1850 trafen sie sich mit weiteren Freimaurern im Geheimen in Luzern zu einem Kränzchen, das ab 1895 den Namen «Fiat Lux» trug. Die Geheimhaltung ging noch lange Zeit so weit, dass Luzerner Mitglieder der Brudertreue in den Mitgliederlisten nur mit den Initialen geführt wurden. Erst 1904 entstand aus dem Kränzchen dann eine reguläre Loge, als Tochterloge von Aarau.

Soziales Engagement in Loge und Gesellschaft

Trotz dem politischen Engagement vieler Mitglieder lag das gesellschaftliche Hauptanliegen der Aarauer Loge im sozialen Bereich. Seit dem ersten Treffen liessen die Brüder regelmässig die Sammelbüchse kursieren und verwendeten die Kollekte für soziale Zwecke. Die Gelder kamen dabei notleidenden Brüdern und ihren Familien wie auch der Allgemeinheit zugute. Bei Bedarf initiierte oder veranstaltete die Loge aber auch grössere Engagements, zum Beispiel in den Hungerjahren 1815 und 1816. Dabei blieb es aber nicht.

33 *Joseph Fidel Wieland (1797–1852)*

Der aus Säckingen stammende Wieland arbeitete bis zu seiner Wahl in den Grossen Rat als Arzt, Stadtrat und Bezirksrichter in Rheinfelden. Bereits hier engagierte er sich für einen Ausbau des Schulwesens. Für das Schulwesen und auch das Gesundheitswesen setzte er sich nach 1833 als Grossrat und Regierungsrat des Kantons Aargau verstärkt ein.

In den Auseinandersetzungen um Klosteraufhebung und Freischarenzüge engagierte er sich als Regierungsrat aktiv für die Sache der Radikalen. Er brachte damit die Loge zur Brudertreue, der er um 1840 beigetreten war, in eine unbequeme Lage. Schon bald nach dem Ende der politischen Auseinandersetzungen wählten ihn die Logenbrüder aber zum Meister vom Stuhl. Dieses Amt hatte er von 1849 bis 1852 inne. Unter seiner Leitung engagierte sich die Loge für die Opfer der an den Sonderbundskrieg anschliessenden Wirtschaftskrise, die um 1850 in einer der grössten Auswandererwellen aus der Schweiz gipfelte. Wieland gilt für die Loge zur Brudertreue bis heute als eines der wichtigsten Mitglieder der zweiten Generation. Sein unerwarteter Tod 1852 rief Bestürzung hervor. In der Rede anlässlich der Trauerloge würdigte ihn Theodor Zschokke als «Mann [mit der Fähigkeit], die widerstrebendsten Richtungen in einem Vereinigungspunkt zu sammeln, denn er war ausser seiner tüchtigen Gesinnung der Mann der Geduld, der Ausdauer und darin so tapfer, wie ich noch wenige gekannt habe.» [40]

Zu seinen Ehren heisst der Neubau des Logengebäudes heute «Wielandhaus».

1823 starb der langjährige Logenschreiber Johann Martin Rode. Der Buchdrucker aus Deutschland hatte bei Heinrich Remigius Sauerländer Arbeit gefunden und war nach langer Wanderschaft in Aarau sesshaft geworden. Er hatte erst spät eine Familie gründen können und hinterliess eine Frau mit zahlreichen noch jungen Kindern. Die Loge unterstützte die Familie über Jahre mit namhaften Beiträgen. Sauerländer muss der Tod seines engsten Mitarbeiters sehr nahegegangen sein. Er nahm ihn zum Anlass, die Gründung einer allgemeinen Witwen- und Waisenkasse anzuregen, der auch die Schwesterlogen St. Gallen, Zürich, Basel und Chur angehören sollten.

Die für diese Zeit revolutionäre Idee fand in Aarau sofort Unterstützung, und man erarbeitete einen Statutenentwurf, den man den anderen Logen zustellte. Die angestrebte überregionale Lösung liess sich allerdings vorerst nicht verwirklichen. Sie sollte erst um 1900 möglich werden, in einer Zeit, als sich solche Institutionen allmählich etablierten. Die «Brudertreue» verwirklichte die Vision Sauerländers aber vorerst im Kleinen. Dolder, Sauerländer und von Schmiel spendeten ein Anfangskapital von 2700 Franken. Damit konnte die logeneigene Witwenkasse eröffnet werden, die bis heute besteht.

Heinrich Zschokke nahm nach seinem Rücktritt nur noch selten an den Logentreffen teil. 1827 hatte er den Brüdern seinen Sohn Theodor zur Aufnahme empfohlen, und diesmal waren sie seinem Wunsch gefolgt. Heinrich Zschokke war ein unermüdlicher Helfer. Es war für ihn unabdingbar, für seine sozialen Projekte Partner zu finden. So trug Theodor Zschokke 1835 in einem Bauriss die väterliche Idee einer Erziehungsanstalt für Taubstumme in die Loge. Zschokkes Gedankengang, den sein Sohn vortrug, war ähnlich wie derjenige von Sauerländer bezüglich der Witwenkasse: Es ging ihm darum, eine gemeinschaftliche und systematische Unterstützung für Bedürftige zu organisieren. Die Taubstummen – das hatte Zschokke schon 1811 in der Gesellschaft für Vaterländische Kultur vertreten – waren eine Bevölkerungsgruppe, die dringend der Hilfe bedurfte. Obwohl normal intelligent, wurden Hörgeschädigte zusammen mit geistig Behinderten und Dementen in Armen- und Krankenheimen versorgt. Sie galten als nicht bildungsfähig.

Nun hatte Zschokke lange genug zugewartet und war entschlossen, mithilfe der «Brudertreue» eine Lösung zu suchen. Die Loge finanzierte zunächst eine Umfrage unter Ärzten und Pfarrern im Kanton. Diese ergab die horrende Zahl von beinahe 1000 Taubstummen. Die Logenmitglieder liessen nun ihre Beziehungen spielen und konnten neben der Gesellschaft für Vaterländische Kultur auch den kantonalen Sanitätsrat und namhafte private Spender für die Finanzierung eines Schulheims gewinnen. 1836 wurde in Rombach die Taubstummenanstalt eröffnet. Sie lebt heute in der Schule für Hörbehinderte auf dem Landenhof fort und ist damit, neben der Aargauischen Ersparniskasse, die nachhaltigste Initiative von Loge und Gesellschaft für Vaterländische Kultur.[41]

Der Schwesternverein

Auf Initiative von Theodor Zschokke rief die Loge 1865 den Schwesternverein ins Leben. Zusammen mit der frühen Gesellschaft für Vaterländische Kultur und den Kränzchen bildete er ein weiteres Glied im «äusseren Kreis» der Loge. Im Schwesternverein erhielten die Ehefrauen der Logenbrüder ein organisiertes Forum, um sich auszutauschen und sich gemeinnützig zu engagieren. Dies entsprach dem Wunsch zahlreicher Gattinnen, die sich bereits seit Jahren am sozialen Engagement der Loge beteiligt hatten. Zudem nahmen seit den 1850er-Jahren Ehefrauen auch an Festanlässen und Trauerlogen teil.

Der Schwesternverein widmete sich eigenen sozialen Projekten. Im Vordergrund stand dabei die Unterstützung armer Wöchnerinnen und ihrer Kinder. Die Schwestern waren im Unterschied zu den Brüdern auch handwerklich tätig: Sie nähten und strickten Kleider, Wäsche und Socken für die Kinder, besorgten Nahrungsmittel und Heizmaterial.

Daneben aber konnte ihr Verein auch namhafte Geldbeiträge sprechen, die aus eigenen Spenden stammten. Die Schwestern bezahlten an verschiedene gemeinnützige Organisationen Jahresbeiträge. Der Schwesternverein besteht bis heute unter gleichem Namen. Heute besorgt er für die Loge auch die alljährliche Adventsfeier, die im Lauf der letzten Jahre zu einer Familienfeier geworden ist.

Obwohl sich die Mitglieder des Schwesternvereins im freimaurerischen Schriftverkehr als «Schwestern» bezeichnen, sind sie keine Freimaurerinnen. Im Rahmen der Grossloge Alpina sind Frauenlogen nicht zugelassen, ebenso wenig gemischte Logen. Die Gründung des Schwesternvereins entsprach vielmehr einer allgemeinen Zeitströmung, war aber durchaus auch Ausdruck einer gewissen Interessenvertretung. Überall entstanden in diesen Jahren gemeinnützige Frauenvereine, in welchen sich bürgerliche Frauen sozial engagierten, sich aber auch für mehr Einfluss und vor allem für eine bessere Ausbildung der Frauen einsetzten – auch derjenigen aus den

34 *Theodor Zschokke (1806–1866)*

Der Arzt, Naturwissenschaftler und Kantonsschullehrer Theodor Zschokke trat der «Brudertreue» 1827 bei. Damit waren die Zschokkes wieder offiziell in der Loge vertreten. Wie sein Vater war er initiativ und immer sozial engagiert.
Bevor er sich als Arzt in Aarau niederliess, unternahm er eine Studienreise nach Paris, wo er mitten in die Julirevolution geriet. Anstatt rasch abzureisen, half er bei der medizinischen Versorgung der Verwundeten. Als junges Mitglied der «Brudertreue» verhalf er der Idee seines Vaters, in Aarau eine Taubstummenanstalt einzurichten, zum Durchbruch. Als Meister vom Stuhl initiierte er die Gründung des Schwesternvereins. Schliesslich war es Männern wie Theodor Zschokke zu verdanken, dass die Loge in der zweiten Hälfte des 19. Jahrhunderts nicht nur an Mitgliedern zulegte, sondern diesen Zuwachs auch verkraften konnte.
Weniger Glück hatte Zschokke im Berufsleben. 1865 wurde er als Professor an der Kantonsschule nicht mehr bestätigt – offiziell wegen einer Neuorganisation des Schulbetriebs. Allerdings ist zu vermuten, dass gegen ihn intrigiert worden war.

Unterschichten. Da die Gründung des Schwesternvereins zeitgleich mit dem Bau eines neuen, grossen Logengebäudes erfolgte, ist auch zu vermuten, dass so die Frauen der zahlreichen Neumitglieder, für die man ja baute, in das Logenleben einbezogen werden sollten – durchaus auch zur Unterstützung ihrer Gatten.[42]

Ein eigenes Haus

Die Loge war 1811 bei Heinrich Zschokke am Rain gegründet worden (vgl. Abb. 29). Dort, im ersten Stock des geräumigen Hauses, konnten die Brüder ihr Versammlungslokal und ihren Tempel einrichten. Sie tapezierten den Versammlungsraum mit blauen Tapeten und statteten den Tempel mit Altar, Stühlen, Leuchtern, Schränken und Teppichen aus. Auf demselben Stock befand sich auch das Lokal der Gesellschaft für Vaterländische Kultur. Im Parterre wohnte Zschokke mit seiner Familie, bis sein Wohnhaus Blumenhalde am anderen Ufer der Aare fertig gebaut war. Auch nach Zschokkes Wegzug blieb die Loge am Rain bis 1839 eingemietet. Die nächsten Jahre verbrachte man in provisorischem Zustand. Die Versammlungen und Tempelarbeiten fanden abwechselnd bei verschiedenen Mitgliedern zu Hause statt, die Feste feierte man im Saal des Gasthofs zum Schwert an der Rathausgasse (vgl. Abb. 30). Dieser Zustand war zwar unbefriedigend, da sich die Brüder aber in jenen Jahren nur einmal pro Monat trafen, war er zu verschmerzen.

1842 kaufte Bruder Daniel Henz das Haus am Schanzeck an der Strasse nach Schönenwerd. Hier konnte die Loge zwei Räume beziehen, einen als Versammlungsraum, den zweiten als Tempel. Doch auch hier verhinderten zunächst die politischen Ereignisse unbeschwerte Treffen. Die Sitzungen fanden nach 1843 sogar noch seltener statt als in den Jahren zuvor. Nach dem Sieg des Liberalismus in der Schweiz 1847 konnte die Loge wieder intensiver arbeiten, die Mitgliederzahl wuchs rasch. Die Räume im Schanzeck wurden nun allmählich zu eng, und auch das Selbstvertrauen der Logenbrüder war dank der zahlreichen Neuaufnahmen gestiegen. Und als man aus Platzgründen auf Räume im Hotel Ochsen und Gasthaus Löwen ausweichen musste, war die Zeit reif für den historischen Schritt: 1863 beschloss die Logenversammlung den Bau eines eigenen Hauses.

Es wurde ein aus eigenen Mitteln finanziertes und von eigenen Leuten geplantes Haus. Der Bauplatz lag zwischen der Bahnhofstrasse und den ausgedehnten Besitzungen der Industriellenfamilie Herzog. Ein Teil der erworbenen Parzelle wurde wieder verkauft, auf dem etwas erhöhten südlichen Teil entstand das Logengebäude

35 Im Mai 1864 wurde mit dem Bau des von den Logenbrüdern Schmuziger und Largin projektierten neuen Logengebäudes an der Herzogstrasse in Aarau begonnen. Im Oktober 1865 fand die Einweihung statt.

36 1911 erhielt das Logengebäude einen Anbau mit Hauswartswohnung und weiteren Räumen. Darstellung aus der Festschrift von 1911.

im Stil der Neu-Renaissance. Am 29. Oktober 1865 fand die Einweihung statt, im Beisein von Gästen befreundeter Logen aus der Schweiz und aus dem Ausland.

Das vergleichsweise grosszügige Gebäude enthielt neben dem Tempel einen Bankettsaal und eine eigene Wohnung für den Logenwart. Zum 100-Jahr-Jubiläum 1911 erweiterte die Loge das Gebäude. Die Wohnung des Logenwarts fand im neuen Anbau auf der Westseite Platz. Der Festsaal konnte dadurch vergrössert werden, und man erhielt auch noch genügend Platz für zusätzliche Sitzungs- und Versammlungsräume. Das so erweiterte Gebäude diente der «Brudertreue» bis 1971.

Von diesem ersten Logengebäude in den heutigen Neubau übernommen wurde die Tempeleinrichtung aus massivem Nussbaumholz. Sie war 1928 für die Loge Fiat Lux in Luzern angefertigt worden, konnte dort aber wegen Unstimmigkeiten unter den Mitgliedern nicht eingebaut werden. Sie dient seither der Mutterloge in Aarau als rituelles Zentrum.[43]

Der Safenwiler Kirchenstreit 1929

«Was die vergangenen 25 Jahre betrifft, kann die Loge, im Ganzen gesehen, auf einen ruhigen Verlauf der Arbeiten zurückblicken», schreibt der Chronist über die Jahre 1911 bis 1936, als die «Brudertreue» ihr 125-Jahr-Jubiläum feiern konnte.[44] Die Schweiz war glimpflich durch den Ersten Weltkrieg gekommen, stand aber noch mitten in den politischen Auseinandersetzungen zwischen Bürgertum und Arbeiterparteien, die seit dem Landesstreik die Öffentlichkeit in Atem hielten. Davon war auch die Loge betroffen – insofern stimmt diese Aussage nur bedingt. Dies zeigen die Ereignisse um den Safenwiler Kirchenstreit von 1929.

1911 bis 1921 wirkte der Theologe Karl Barth als Pfarrer im Industriedorf Safenwil. Barth war ein streitbarer Vertreter der Religiös-Sozialen. Diese Richtung innerhalb der reformierten Kirche vertrat die Meinung, dass sich die Gläubigen vermehrt mit den Ursachen sozialer Ungerechtigkeit befassen sollten. Ihre Vertreter setzten sich auch für Abrüstung und Pazifismus ein. Diese Haltung hatte in der Kirchgemeinde Safenwil über Jahre hinweg für Unruhe gesorgt.

Als 1927 Ernst Ott das reformierte Pfarramt in Safenwil übernahm, war die Lage nach wie vor angespannt. Ott war Sozialist und Antimilitarist und liess diese Haltung bisweilen auch in seine Predigten einfliessen. Auch äusserte er sich pointiert zu politischen Fragen. Damit spaltete er die Kirchgemeinde. In einem Schreiben an den Kirchenrat drohten rund 100 Personen mit dem Austritt, während sich

160 Personen für Ott einsetzten. Nach der definitiven Wahl Otts wechselten 130 Mitglieder der Kirchgemeinde in die christkatholische Gemeinde Aarau und bildeten fortan in diesem Rahmen eine Safenwiler Diasporagemeinde.

In diese Auseinandersetzung waren nun zwei Mitglieder der «Brudertreue» involviert: der christkatholische Aarauer Pfarrer Ludwig Meier und der Anführer der Dissidenten, der Fabrikant Max Hochuli. Die beiden Freimaurer standen unversehens im Rampenlicht der Öffentlichkeit, denn die Auseinandersetzung wurde von der Aargauer Presse intensiv kommentiert und entwickelte sich zum Politikum. Als sich fünf christkatholische Geistliche in einem offenen Brief von Pfarrer Meier distanzierten und ihm vorwarfen, er predige in Safenwil «infolge seiner freimaurerischen Verbundenheit»[45] mit Hochuli, entschied sich das Beamtenkollegium der «Brudertreue», mit einer Erklärung an die Öffentlichkeit zu treten.

In einem Brief an alle deutschschweizerischen Zeitungen wurde festgehalten, dass sich die Loge zur Brudertreue nicht in religiöse oder politische Fragen einmische, im Übrigen aber alles zum Wohle des Vaterlandes vorkehre. In diesem Sinn hätten auch die beiden angegriffenen Brüder gehandelt. Dies war eine verklausulierte Stellungnahme zugunsten der Dissidenten in Safenwil. Sie entsprach der politischen Einstellung der grossen Mehrzahl der Logenbrüder, die sich im klassenkämpferischen Klima jener Jahre klar bürgerlich-patriotisch zu positionieren wünschten.

Fonjallaz-Initiative und Zweiter Weltkrieg

Am 28. Juni 1936 feierte die Loge zur Brudertreue ihr 125-jähriges Bestehen. Das Fest stand ganz im Zeichen der ungewissen Zukunft. Im nationalsozialistischen Deutschland und im faschistischen Italien waren Freimaurerlogen verboten. In der Schweiz hatte die rechtsextreme «Helvetische Aktion» von Arthur Fonjallaz im Oktober 1934 ihre Initiative eingereicht. Die Hoffnung, dass die Initiative wegen zahlreicher gefälschter Unterschriften nicht zustande kommen könnte, hatte sich zerschlagen. Man musste mit einer harten Auseinandersetzung rechnen.

Für die Aarauer Brüder war die Situation allerdings etwas weniger belastend als für ihre Kollegen in der Westschweiz, in Bern oder im Tessin, woher die meisten Unterschriften stammten. Zwar wandte sich der bekannte Aarauer Chirurg und Offizier Eugen Bircher in einer Artikelserie in der «Berner Zeitung» öffentlich gegen die

37 *Heinrich Kern (1857–1934)*

Heinrich Kern ist ein typischer Vertreter des liberalen Unternehmertums des 19. Jahrhunderts. Als Sohn des Firmengründers übernahm er 1885 das väterliche Geschäft, nachdem er seine Ausbildung an der ETH in Zürich mit der traditionellen Wanderschaft abgeschlossen hatte. Neben der Leitung seiner Firma für Vermessungsinstrumente engagierte er sich als Mitglied der Aufsichtskommission des Kantonsspitals und der Erziehungsanstalt Schloss Biberstein sowie als Inspektor an der Kantonsschule.

1893 trat er der Loge zur Brudertreue bei und bekleidete zweimal das Amt des Meisters vom Stuhl. Er war der letzte Industrielle, der dieses Amt ausfüllen konnte. Somit markiert seine Amtszeit auch einen Generationenwechsel.

Die Gründerzeit mit ihren wirtschaftlich und gesellschaftlich gleichermassen engagierten Industriellen war zu Ende – in der Gesellschaft wie in der Loge. Heinrich Kern musste seine zweite Amtszeit als Vorsitzender der Loge frühzeitig beenden, weil ihn die Leitung der Firma zu sehr in Anspruch nahm.

Freimaurerei. Im Aargau zumindest scheint er damit wenig bewirkt zu haben.[46] Wenn man die Zahl der Unterschriften als Massstab für die Gegnerschaft der Freimaurerei in den verschiedenen Kantonen nimmt, so war sie im Aargau unbedeutend. Nur 129 Unterschriften waren hier zu verzeichnen – gemessen an der Zahl der Stimmberechtigten die geringste Unterschriftenzahl der ganzen Schweiz. Auch in der Abstimmung war die Ablehnung im Aargau deutlicher als in den meisten anderen Kantonen – und dies bei der höchsten Stimmbeteiligung (zusammen mit dem Kanton Waadt). 88 Prozent der Stimmbürger gingen an die Urne und lehnten die Initiative mit 47 277 gegen 14 280 Stimmen ab.[47]

Dennoch war die Stimmung innerhalb der «Brudertreue» bedrückt. Man sah mit Bangen in die Zukunft. Franz Dätwyler versuchte in seiner Jubiläumsrede, die Richtliniendiskussion innerhalb der Freimaurerei als Chance darzustellen: «Nicht durch äussere Gründe wird die Freimaurerei gefährdet oder zugrunde gerichtet, sondern durch innere, die da heissen Gewöhnung, Mattigkeit und Müdigkeit. Wir müssen der alten Zeit neue Ideale gegenüberstellen, müssen neue Steine über alten Baurissen errichten – dann ist es möglich, dass die notwendige Lebenskraft erhalten bleibt, dass vielleicht nach weiteren 125 Jahren immer noch eine Loge ‹Zur Brudertreue› solch schöne Feste feiert wie heute wir.»[48]

Dätwylers Worte konnten es nicht verhindern: Auch in Aarau nahm die Zahl der Logenmitglieder kontinuierlich ab. Noch 1930 hatte es acht Neuaufnahmen und zwei Übertritte gegeben, die Zahl der Logenbrüder war auf 172 angestiegen. Bereits 1936 waren es nur noch 151 und 1945 lediglich noch 82 Mitglieder. Auch hier konnte sich die Loge dem Schweizer Trend nicht entziehen. Viele Logenmitglieder verliessen die «Brudertreue» aus beruflichen und verwandtschaftlichen Gründen. Insofern hatte die massive Propaganda der Frontenbewegung und das Misstrauen, das – mit Ausnahme der Liberalen – bei praktisch allen politischen Parteien zu spüren war, doch Wirkung gezeigt. Auch im Aargau war die Initiative wohl vor allem aus nationalen Gründen abgelehnt worden – sie war eben ein «ausländischer Spuk», wie das «Aargauer Tagblatt» am 26. November 1937 titelte.[49]

Neben der «Angst um Amt, Familie und Existenz», wie sich Hans-Günther Bressler in seinem Rückblick 1967 ausdrückte, dürften noch andere Gründe für den Austritt massgebend gewesen sein. Für einige Logenmitglieder war die Freimaurerei nicht mehr mit ihrer patriotischen Gesinnung zu vereinbaren. Die «Brudertreue» galt im frühen 20. Jahrhundert als «Oberstenloge», denn sie wurde zwischen 1918

38 In den 1930er-Jahren ging die Zahl der Mitglieder der «Brudertreue» um die Hälfte zurück. Damit dürfte die Raumnot im Festsaal des Logengebäudes mit seinen 60 bis 80 Plätzen nicht mehr so gross gewesen sein wie zuvor.

und 1927 von zwei Berufsoffizieren geleitet und zählte zahlreiche Offiziere zu ihren Mitgliedern. Für manche von ihnen war die politische Neutralität der zur «Alpina» gehörenden Logen eine Belastung. Die Sozialdemokraten beispielsweise galten für sie bis zu ihrem Bekenntnis zur Landesverteidigung 1937 als Staatsfeinde, mit denen man nichts zu tun haben wollte – auch nicht in der Freimaurerei. Dies war offenbar auch der Hauptgrund des Austritts von Polizeikommandant Oberst Oskar Zumbrunn, während einer seiner engsten Mitarbeiter, Hauptmann Ernst Schneeberger, der Loge treu blieb und sie als Meister vom Stuhl durch den Abstimmungskampf gegen die Fonjallaz-Initiative führte.[50]

Nach Kriegsende sah sich die «Brudertreue» faktisch vor einem Neubeginn. Durch Tod und Austritte war nicht nur die Mitgliederzahl gesunken, die Loge war auch überaltert. Aus diesem Grund musste sich 1951 der Wynentaler Zirkel «Viribus unitis» auflösen, und 1954 schlossen die Brugger Brüder ihren Zirkel ebenfalls.

Nur vier Neueintritte waren während der Kriegsjahre zu verzeichnen gewesen. Viele auswärtige Mitglieder hatten wegen der kriegsbedingten Einschränkungen nur noch selten an den Sitzungen teilgenommen. Man hatte sich entfremdet. Erst 1947 fand man zu einem normalen Betrieb zurück. Die Konferenzen wurden wieder häufiger, ab 1958 traf man sich anstatt vierzehntäglich wieder wöchentlich. Die Mitgliederzahl nahm langsam wieder zu.

Dies war auch einer intensiveren Werbung zu verdanken. 1953 veranstaltete die «Brudertreue» erstmals einen öffentlichen Vortrag über die Freimaurerei. «Um den vielen bestehenden Vorurteilen und der häufig noch vorherrschenden Unkenntnis über Wesen und Ziele der Freimaurerei entgegenzuwirken», sprach der Grossmeister der «Alpina», Walther Kasser, vor einem Publikum aus Freimaurern und Gästen. Die Veranstaltung stiess auf positives Interesse. Weitere öffentliche Anlässe folgten und wurden allmählich zur Tradition.[51]

Bau des Wielandhauses 1961–1972

1957 legte das Beamtenkollegium der Logenkonferenz ein grösseres Programm zur Renovation und Erneuerung des Logengebäudes vor. Als erste Etappe baute man eine Ölheizung mit Thermostat ein. Dann geriet der Plan ins Stocken. Das Trassee der Wynental- und Suhrentalbahn sollte ausgebaut werden. Dazu beanspruchte die Bahn rund einen Drittel der Liegenschaft der «Brudertreue». Damit war klar, dass ein Ausbau des bestehenden Logengebäudes nicht mehr infrage kam.

Im Jubiläumsjahr 1961 sah sich die «Brudertreue» deshalb zu einem wegweisenden Entscheid gezwungen, der «ihr Gesicht, wenn auch nicht ihr Herz» vollkommen verändern sollte, wie es der Chronist formulierte.[52] Aus der Landabtretung für das neue Bahntrassee erhielt die Loge nach dem Entscheid der eidgenössischen Schätzungskommission rund 400 000 Franken. Dieser Betrag war doppelt so hoch wie die errechneten Renovationskosten für das bestehende Logengebäude. Damit konnte ein Neubau ernsthaft ins Auge gefasst werden. Die Loge besass ein Grundstück an bester Lage und einen Grundstock an Eigenkapital. Damit konnte man – zumal in den boomenden Wirtschaftswunderjahren nach 1960 – an den Bau eines Renditeobjektes denken.

Dies machte ein Umdenken nötig, denn das 1962 bei der Stadt eingereichte Vorprojekt sah ein Mehrzweckgebäude mit Büroräumen vor. Die Räumlichkeiten der Loge selber sollten nur noch einen kleinen Anteil am gesamten Bauvolumen bilden. Der Rest würde vermietet werden und so nicht nur den Bau und Unterhalt finanzieren, sondern der Loge in Zukunft auch Einnahmen bringen. Die Diskussionen innerhalb der Loge brachen damit nicht ab – und es war wohl kein Nachteil, dass das Bauvorhaben von 1963 bis 1966 wegen der Konjunkturdämpfungsbeschlüsse des Bundes ruhen musste. So konnte noch einmal gründlich über das Pro und Kontra nachgedacht werden. Am 21. April 1971 stimmte die Konferenz dem definitiven Bauprojekt von Architekt und Mitbruder Willi Lüscher dann aber mit klarer Mehrheit zu. Baubeginn war noch im selben Jahr. Im April 1974 konnte das fertige Haus schliesslich bezogen werden.

Das Unternehmen war nicht ohne Risiko, zumal sich 1972 mit der Erdölkrise die Konjunktur deutlich abschwächte. Für die auf 10,6 Millionen Franken veranschlagten Baukosten fanden sich aber zwei Banken, die zur Kreditvergabe bereit waren. Auch mit der Vermietung der oberen Stockwerke hatten die Brüder Glück: Der aargauische Staat mietete das ganze Gebäude und garantiert damit bis heute für eine einfache Verwaltung und sichere Mieteinnahmen.

Im neuen Haus belegt die «Brudertreue» die Untergeschosse. Im Tempel wurde die gesamte Ausstattung von 1928 aus dem alten Haus wieder eingebaut, die übrigen Räume aber allmählich neu eingerichtet. Zum Namenspatron des neuen Hauses wählte die Loge Joseph Fidel Wieland (vgl. Abb. 33). Den Rheinfelder Arzt, Regierungsrat und Anhänger der radikal-liberalen Bundesstaatsgründer ehrte sie damit als eines ihrer bedeutendsten Mitglieder.[53]

39 Das 1974 fertig gestellte Wielandhaus bedeutete für die Loge eine grosse Investition. Die «Brudertreue» benutzt nur die Räume in den drei Untergeschossen, das Geschäftsgebäude selber ist an den Kanton Aargau vermietet.

40 *Oscar Jörg (1899–1972)*

Der Freiämter Oscar Jörg wurde durch die Wohler Strohindustrie zum Weltbürger. Nachdem er seine Lehre als Kaufmann bei der Firma Georges Meyer abgeschlossen hatte, bildete er sich weiter und reiste 1919 nach China. Hier arbeitete er zunächst für eine Schweizer Handelsfirma. 1922 folgte ihm seine Frau, und die beiden gründeten in Tientsin eine eigene Familie. 1935 schliesslich konnte Jörg seine eigene Import-Export-Firma in Betrieb nehmen. Daneben vertrat er weiterhin Schweizer Grossfirmen in China.

Nach der Besetzung Nordchinas durch die Japaner im Zweiten Weltkrieg ernannte ihn der Bundesrat zum Schweizer Konsul für diese Region. Zusammen mit seiner Frau organisierte er die zahlreichen Aufgaben von ihrem Firmensitz aus. Nach Kriegsende entschied sich das Ehepaar gegen das Angebot einer Berufsdiplomatenkarriere und nahm die Geschäftstätigkeit wieder auf.

Die Machtübernahme durch die Kommunisten bereitete weiteren Plänen aber 1949 ein jähes Ende. Jörg blieb weiterhin Konsul und bewährte sich wiederum als Vermittler. Erst 1956 kehrte das Ehepaar nach Wohlen zurück.

Oscar Jörg war Mitglied verschiedener asiatischer Logen gewesen. Als er in die Schweiz zurückkehrte, trat er in die «Brudertreue» ein. Er geriet mitten in die Diskussionen zwischen den Schweizer Logen um die künftige Ausrichtung der Schweizer Grossloge Alpina. Im Dienste der «Alpina» betreute er die Beziehung zur Vereinigten Grossloge von England. Jörg ist ein typischer Vertreter der internationalen Freimaurerei. Wie bereits zur Zeit der ersten Koloniallogen im 18. Jahrhundert bieten auch heute Freimaurerlogen rund um die Welt den im Dienst der globalisierten Wirtschaft Tätigen eine ideelle Heimat.

Die Loge öffnet sich

Die Öffentlichkeitsarbeit und auch der Austausch mit befreundeten Logen wurden zum festen Bestandteil des Logenlebens in der «Brudertreue». Zur Feier des 150-Jahr-Jubiläums 1961 wurde die Presse eingehend orientiert. Im Vorfeld der Jubiläumsfeierlichkeiten im Juni berichteten denn auch alle grossen Tageszeitungen aus der Deutschschweiz und die meisten der Aargauer Regionalzeitungen wohlwollend über die «Brudertreue». Am Festanlass im Saal des Restaurants Kettenbrücke nahmen neben den Ehefrauen auch geladene Gäste teil. Grussbotschaften des Kantons und der Stadt wurden verlesen, Geschenke ausgetauscht. Neben zahlreichen befreundeten Logen hatte auch die Freiburger Mutterloge eine Delegation geschickt.[54]

1963 wies die Loge über das ganze Jahr hinweg mit einem kleinen Inserat im «Aargauer Tagblatt» auf ihre Veranstaltungen hin, die damit auch öffentlich waren. Ob durch diese Aktion, wie erwartet, Interessenten angeworben werden konnten, ist nicht überliefert.[55]

Ein Schlüsseljahr in der Öffentlichkeitsarbeit ist das Jahr 1992. Erstmals entschloss man sich, ausserhalb eines Jubiläums offensiv an die Öffentlichkeit zu gehen. Anlass war die Spende eines Schulbusses für den Oberstufen-Schulverband Heinzenberg. In Bündner und Aargauer Zeitungen wurde über die Schlüsselübergabe berichtet. Im Anschluss daran bemühte sich die Loge um eine allgemeine Präsentation der Freimaurerei und der Loge in der Aargauer Presse. Das Resultat konnte sich sehen lassen: Im März brachte «Radio Argovia» eine einstündige Sendung zum Thema Freimaurerei im Aargau, und drei Zeitungen publizierten Beiträge. Anschliessend werteten die Logenmitglieder in verschiedenen Arbeitsgruppen den Ertrag der Anstrengungen aus. Die Frage war, wie man künftig die Öffentlichkeitsarbeit zu betreiben gedenke. Nach intensiver Diskussion einigte man sich auf den Grundsatz, «dass wir Flagge zeigen wollen». Weiter sollten Anlässe der Loge der Presse mitgeteilt werden. Darüber hinaus aber blieb es den einzelnen Brüdern überlassen, in ihrem Wirkungskreis Gedankengut und Grundsätze der Freimaurerei vorzuleben und aktiv zu vertreten.[56]

Dennoch: Die Öffentlichkeitsarbeit wurde wichtiger. Neben regelmässigen Inseraten in den Tageszeitungen diente nun auch das Internet als Informations- und Werbeplattform. Heute unterhält die Loge eine professionell gestaltete Website mit Hintergrundinformationen und dem Veranstaltungskalender für öffentliche und interne Anlässe. Daneben wurde 2007 eine Informationsbroschüre gedruckt, die an Interessenten abgegeben werden kann.

Für öffentliche Vorträge lädt die Loge immer wieder bekannte Persönlichkeiten ein: Weltraumexperte Bruno Stanek zog in den 1990er-Jahren viel Publikum an, später waren es Peter Glotz, Karl Heinz Böhm oder Ulrich Knellwolf. Daneben wird jedes Jahr ein öffentlicher Musikabend veranstaltet.

Erneuerung und Tradition

2001 war für die Loge zur Brudertreue das Jahr der inneren Erneuerung. Die Loge gab sich neue Statuten, passte ihre Rituale an und nahm ein Leitbild in Angriff, das 2007 in der Informationsbroschüre und auf der Logen-Website veröffentlicht wurde. Das Leitbild erfüllt eigentlich denselben Zweck wie die dreimal drei Punkte, die Heinrich Zschokke 1810 an den Beginn der Logenarbeit stellte: Es definiert die Aufgabe der Loge in der Gesellschaft und dient ihr als ideelle Grundlage.

Was hat sich seit 1810 verändert im Selbstbild der «Brudertreue»? Zschokke sah die Freimaurer seiner Loge als gesellschaftliche Elite und moralisches Vorbild. Ein Freimaurer sollte sich weder an Reichtum und Macht noch Rang oder Schönheit orientieren. Vielmehr musste er sich bewähren durch Seelenstärke, Kraft, Bescheidenheit und guten Ruf. Er sollte in Familie und Betrieb Verantwortung für die ihm Anvertrauten übernehmen und sie mit Liebe anleiten. Er sollte in Staat und Kirche den Gesetzen gehorchen, dem Land dienen und ein Vorbild an Religiosität darstellen. Er sollte der Loge gegenüber verschwiegen, uneigennützig und treu sein.[57]

Die Freimaurerei «soll alle Brüder der Welt zu einer grossen, edel gesinnten Familie machen, die wohltätig ins Leben der Menschen einwirkt. Sie soll den Menschen erheben über alles Gemeine und Niedere, über Zufälle des Berufs und der Geburt, über die Verschiedenheit der Kirchen und politischen Interessen.»[58]

Das aktuelle Leitbild betont ähnlich: «Wir wollen ein Logenleben, das auf gegenseitiger Toleranz und Achtung beruht und dies bei allen persönlichen, sozialen, konfessionellen und politischen Unterschiedlichkeiten. (...) Wir wollen freimaurerische Grundsätze und Zielsetzungen der Öffentlichkeit zugänglich machen in der Überzeugung, dass eine menschliche Gesellschaftsordnung nur zu erreichen ist, wenn die Grundrechte garantiert sind, ethisch-moralische Werte gelebt werden, die Verantwortung für Familie, Bruder und Gemeinschaft getragen wird, bürgerliche Rechte und Pflichten wahrgenommen werden.»

Im Epilog heisst es weiter: «War das ursprüngliche Ziel der Freimaurer die Befreiung der Menschen vom Diktat des Feudalismus und der Kirche durch Verbreitung von Allgemeinwissen, so sieht der Freimaurerbund heute seine Aufgabe im Zurückholen einer durch Wohlstand sozial und moralisch verwilderten Gesellschaft in eine zivilisierte Menschlichkeit durch Vermittlung von ethischen Werten.»[59]

Insofern hat sich am Selbstbild der Loge zur Brudertreue in den letzten 200 Jahren nichts Wesentliches verändert.

ANHANG

Anmerkungen

1 McNulty, S. 43ff.
2 Aymard, S. 475ff.
3 Reinalter, S. 11.
4 Aymard, S. 478f.
5 Reinalter, S. 74ff.
6 McNulty, S. 92.
7 Zitiert nach: Messerli, S. 15.
8 Tschopp, S. 54.
9 Vgl. auch etwas anders formuliert: Reinalter, S. 53ff.
10 Reinalter, S. 61.
11 Vgl. auch Messerli, S. 58.
12 Reinalter, S. 95.
13 Historisches Lexikon der Schweiz, Artikel «Freimaurerei», «Aufklärung» und «Sozietäten».
14 Reinalter, S. 22.
15 Widmer/Lauer, S. 162ff.
16 Historisches Lexikon der Schweiz, Artikel «Jonas Furrer».
17 Buch der 150 Jahre, S. 52ff.
18 Schneider, S. 669f.
19 Der Schweizer Arbeiter, Flawil, 25.11.1937.
20 Historisches Lexikon der Schweiz, Artikel «Freimaurerei».
21 Buch der 150 Jahre, S. 109ff.; Historisches Lexikon der Schweiz, Artikel «Freimaurerei».
22 Zitiert nach: Freimaurer, S. 8.
23 Buch der 150 Jahre, S. 129ff.
24 Freimaurer, S. 20.
25 Reinalter, S. 42.
26 Vgl. auch: Saner, S. 147.
27 Freimaurer, S. 20.
28 Archiv «Brudertreue», Protokoll der Logenversammlung 9.11.1810, S. 1–3.
29 Ebenda. Siehe auch: Ort, Der modernen Schweiz entgegen, S. 116f.
30 Archiv «Brudertreue», Protokoll der Logenversammlung 14.12.1810, S. 6.
31 Archiv «Brudertreue», Protokoll der Logenversammlung 20.12.1810, S. 7–9.
32 Tschopp, S. 52.
33 Archiv «Brudertreue», Protokoll der Logenversammlung 27.10.1811, S. 48ff.
34 Historisches Lexikon der Schweiz, Artikel «Johannes Herzog von Effingen».
35 Tschopp, S. 26ff.
36 Tschopp, S. 28.
37 Ort, Kulturgesellschaft, S. 4.
38 Zitiert nach: Schaffroth, S. 71.
39 Lang, S. 152.
40 Zitiert nach: Tschopp, S. 55.
41 Tschopp, S. 38f; Ort, Der modernen Schweiz entgegen, S. 308ff.

[42] Tschopp, S. 54; Rückerinnerungen, S. 46ff.
[43] Freimaurerloge zur Brudertreue 1811–1986, S. 32ff.
[44] Rückerinnerungen, S. 4.
[45] Zitiert nach: Nöthiger-Strahm, S. 86.
[46] Schneider, S. 685.
[47] Zahlen nach: Schneider, S. 26 und 43.
[48] Chronik 1936–1961, S. 9.
[49] Jahresberichte Loge zur Brudertreue 1935–1945; Schneider, S. 703.
[50] Bressler, S. 11; Jahresbericht Loge zur Brudertreue 1935.
[51] Chronik 1936–1961, S. 18ff.
[52] Freimaurerloge zur Brudertreue 1811–1986, S. 11.
[53] Freimaurerloge zur Brudertreue 1811–1986, S. 11ff.
[54] Jahresbericht Loge zur Brudertreue 1961.
[55] Jahresbericht Loge zur Brudertreue 1963.
[56] Jahresbericht Loge zur Brudertreue 1992, S. 25.
[57] Ort, Der modernen Schweiz entgegen, S. 116f.
[58] Zitiert nach: Tschopp, S. 7.
[59] Freimaurer, S. 29–31.

Quellen und Literatur

Archiv der Loge zur Brudertreue Aarau: Jahresberichte, Protokolle der Logenversammlungen, weitere Akten und Unterlagen.

Aymard, Maurice: Freundschaft und Geselligkeit. In: Ariès, Philippe; Duby, Georges (Hg.): Geschichte des privaten Lebens. Bd. 3. Frankfurt a. M. 1994, 451–495.

Bernheim, Alain: Les débuts de la franc-maçonnerie à Genève et en Suisse. Genf 1994.

Bressler, Hans-Günther: Rückblick und Ausblick. Bauriss, gehalten am 31. Mai 1967 in der Freimaurer-Loge «zur Brudertreue» i.O. von Aarau. Aarau 1967.

Chronik der gerechten und vollkommenen Loge «zur Brudertreue» im Orient von Aarau 1936–1961. Aarau 1961.

Ficke, Hugo: Geschichte der Freimaurerloge zur edlen Aussicht in Freiburg in Baden. 1874.

Freimaurer. Information über den Bund der Freimaurer, hg. von der Loge zur Brudertreue in Aarau. Aarau 2007.

Freimaurerloge zur Brudertreue 1811–1986. Festschrift zur 175-Jahr-Feier am 7./8. Juni 1986, hg. von der Freimaurerloge zur Brudertreue i.O. von Aarau. Aarau 1986.

Geschichte der Schweiz und der Schweizer. Basel 1986.

Historisches Lexikon der Schweiz. www.hls.ch.

Im Hof, Ulrich: Das Europa der Aufklärung. München 1993.

Lang, Josef: Der Bundesrevolutionär. In: Leimgruber, Yvonne et al. (Hg.): Pädagoge – Politiker – Kirchenreformer. Augustin Keller (1805–1883) und seine Zeit. Beiträge zur Aargauer Geschichte Band 14. Baden 2005, 146–161.

McNulty, W. Kirk: Die Freimaurer. Das verborgene Wissen. München 2006.

Messerli, Alfred: Es werde Licht. Luzern 2004.

Nöthiger-Strahm, Christine: Der Kirchenstreit von Safenwil. Zum Wirken von Pfarrer Ernst Ott in Safenwil (1927–1932). In: Neue Wege. Beiträge zu Christentum und Sozialismus. 1986, 81–89.

Ort, Werner: Der modernen Schweiz entgegen. Heinrich Zschokke prägt den Aargau. Aarau 2003.

Ort, Werner: Heinrich Zschokke und die ersten Jahrzehnte der Kulturgesellschaft. Vortrag an der ordentlichen Generalversammlung der Kulturgesellschaft Bezirk Aarau vom 22.3.2006. Typoskript.

Reinalter, Helmut: Die Freimaurer. München 2006.

Ruchon, François: Histoire de la franc-maçonnerie à Genève de 1736 à 1900. Genf 2004.

Rückerinnerungen der gerechten und vollkommenen Loge zur Brudertreue im Orient von Aarau an das zurückgelegte 1. Viertel des 2. Jahrhunderts ihres Bestehens 1911–1936. Aarau 1936.

Saner, Hans: Gedanken eines Aussenstehenden. In: Hoffnung! Freimaurerei im Spiegel der Zeit. 1803–2003. Loge zur Hoffnung i. O. von Bern. Bern 2003.

Schaffroth, Paul: Heinrich Zschokke als Politiker und Publizist während der Restauration und Regeneration. In: Argovia 61 (1949), 5–204.

Schneider, Boris: Die Fonjallaz-Initiative: Freimaurer und Fronten in der Schweiz. In: Schweizerische Zeitschrift für Geschichte, Vol. 24 (1974), 666–710.

Schweizerische Grossloge Alpina (Hg.): Buch der 150 Jahre. Lausanne 1994.

Seehafer, Klaus: Mein Leben, ein einzig Abenteuer: Johann Wolfgang von Goethe. Berlin 1998.

Tschopp, Albert: Geschichte der Loge zur Brudertreue in Aarau 1811–1911. Festschrift zum 100jährigen Jubiläum am 26. November 1911. Aarau 1911.

Widmer, Max; Lauer, Hans Erhard: Ignaz Paul Vital Troxler. Oberwil b. Zug 1980.

Liste der Meister vom Stuhl

Heinich Zschokke, 1810–1811, Vorsitzender des maurerischen Kränzchens bis zur Gründung der «Brudertreue»
Gabriel Carl von Hallwyl, 1811–1812
Johann Herzog von Effingen, 1812–1815
Johann Nepomuk von Schmiel, 1815–1817
Franz Imhof, 1817–1820
Friedrich Frey, 1823–1828 und 1831–1834
Daniel Dolder, 1829–1831
Gottlieb Friedrich Strauss, 1834–1836
Carl Sauerländer, 1836–1849 und 1852–1855
Josef Fidel Wieland, 1849–1852
Theodor Zschokke, 1855–1867
Albert Müller-Halter, 1867
J. J. Rüegg, 1867–1868
Julius Frey-Feer, 1868–1870
C. August Rothpletz-Rychner, 1870–1872
Hermann Merz-Ehrsam, 1872–1884
Edmund Nüsperli-Witz, 1884–1888
Remigius Sauerländer, 1888–1898
Heinrich Kern, 1898–1903, 1913–1915
Hans Bickel, 1903–1905
Albert Bolliger, 1906–1913
Albert Tschopp, 1915–1918
Hans Kohler, 1919–1924

Heinrich Brack, 1924–1927
Fernand Chollet, 1927–1933
Ernst Schneeberger, 1933–1938
Jakob Frey, 1938–1946
Ludwig Meier, 1946–1948
August Baumann, 1948–1957
Eduard Engensperger, 1957–1958
Hans-Günther Bressler, 1958–1961
Eugen M. Evard, 1961–1964
Willi Lüscher, 1964–1967
Walter Wälti, 1967–1970
François Lombard, 1970–1973
Otto P. Erni, 1973–1976
Alfred Gruber, 1976–1979
Richard Bay, 1979–1982
Rudolf Fischer, 1982–1985
Werner Hunziker, 1985–1988
Helmuth G. Fritsch, 1988–1991
Peter Riedo, 1991–1994
Karl Mühlebach, 1994–1997
Max O. Schmid, 1997–2000
Urs Hochstrasser, 2000–2003
Bernhard Hüsser, 2003–2006
Markus Liniger, 2006–2009
Peter Lang, 2009–

Bildnachweis

Titelei Staatsarchiv Zürich, GS-828 (9)
2 Burgerbibliothek Bern, Mss.h.h.l.1, S.451, Bau Berner Münster
3, 5, 8, 9 www.wikipedia.org, gemeinfrei
6 Bernisches Historisches Museum, Inv. 38473
11 Stadtmuseum Schlössli Aarau, SM 2010-0053
12, 23, 27 aus: Galerie berühmter Schweizer der Neuzeit, Bd. I. Baden 1868
15 Library of congress
24 Staatsarchiv Aargau, Familienarchiv Sauerländer
28 Staatsarchiv Aargau, GPZ-0019
26 oben aus: Rückblick und Ausblick, Bauriss, gehalten am 31. Mai 1967 in der Freimaurerloge zur Brudertreue von Br. Hans Bressler
36 aus: Geschichte der Loge zur Brudertreue in Aarau 1811–1911. Aarau 1911
Alle anderen Abbildungen: Loge zur Brudertreue, Foto Jörg Müller, Aarau

Herausgegeben von der Freimaurerloge zur Brudertreue Aarau aus Anlass ihres 200-Jahr-Jubiläums.

Dieses Buch ist nach den neuen Rechtschreibregeln verfasst. Quellenzitate werden jedoch in originaler Schreibweise wiedergegeben. Auslassungen in Zitaten sind mit (...) gekennzeichnet, Hinzufügungen des Herausgebers mit [...].

Lektorat: Renata Coray, hier + jetzt
Gestaltung und Satz: Christine Hirzel, hier + jetzt
Bildbearbeitung: Humm dtp, Matzingen

Dieses Werk ist auf www.libreka.de auch als E-Book erhältlich:
ISBN E-Book 978-3-03919-823-8

© 2011 hier + jetzt, Verlag für Kultur und Geschichte GmbH, Baden
www.hierundjetzt.ch
ISBN Druckausgabe 978-3-03919-194-9